全面建设
社会主义现代化国家
热点解读

《全面建设社会主义现代化国家热点解读》编写组◎编

新华出版社

图书在版编目（CIP）数据

全面建设社会主义现代化国家热点解读 /《全面建设社会主义现代化国家热点解读》编写组编. -- 北京：新华出版社，2020.11（2025.2重印）

ISBN 978-7-5166-5554-2

Ⅰ.①全… Ⅱ.①全… Ⅲ.①社会主义建设-现代化建设-研究-中国 Ⅳ.①D61

中国版本图书馆CIP数据核字(2021)第033211号

全面建设社会主义现代化国家热点解读

编　　者：	《全面建设社会主义现代化国家热点解读》编写组	
责任编辑：赵怀志　李　宇		封面设计：刘宝龙
出版发行：新华出版社		
地　　址：北京石景山区京原路8号	邮　　编：	100040
网　　址：http://www.xinhuapub.com		
经　　销：新华书店、新华出版社天猫旗舰店、京东旗舰店及各大网店		
购书热线：010-63077122	中国新闻书店购书热线：010-63072012	
照　　排：六合方圆		
印　　刷：大厂回族自治县众邦印务有限公司		
成品尺寸：170mm×240mm		
印　　张：18	字　　数：240千字	
版　　次：2021年2月第一版	印　　次：2025年2月第二次印刷	
书　　号：ISBN 978-7-5166-5554-2		
定　　价：48.00元		

版权专有，侵权必究。如有质量问题，请与出版社联系调换：010-63077124

出版说明

今日之中国，已开启一段更辉煌的新征程。党的十九大对实现第二个百年奋斗目标作出分两个阶段推进的战略安排。十九届五中全会提出的2035年远景目标，正是对第一个15年基本实现社会主义现代化的具体规划。翻开五中全会公报，一个提法引人关注——在"十四五"战略布局的表述中，明确提出协调推进全面建设社会主义现代化国家、全面深化改革、全面依法治国、全面从严治党的战略布局。

为便于广大党员干部和群众深刻把握全面建设社会主义现代化国家新征程的历史背景、任务内涵，了解"十三五"期间的伟大成就，学习当前各地积极探索取得的宝贵经验，更好地结合自身实际、创造性地推动工作落实，我们以新华社公开播发的稿件为基础，组织选编了这本题为《全面建设社会主义现代化国家热点解读》的通俗读物。

该书共收录新华社公开播发的重点报道 60 余篇，分为三个部分：第一部分为"回眸'十三五'：历史性的跨越 决定性成就"；第二部分为"向第二个百年奋斗目标进军的行动指南"；第三部分为"开启新征程的基层实践：危机中开先机 变局中开新局"。全书权威客观、内容翔实、通俗易懂，可以作为各地区各部门党员领导干部抓落实促发展的参考读物。

目 录
CONTENTS

出版说明 ··· 1

一、回眸"十三五":历史性的跨越　决定性的成就

历史性的跨越　决定性的成就
　　——以习近平同志为核心的党中央引领中国"十三五"时期发展纪实 ········ 3
澎湃新动力　广阔新空间
　　——回眸"十三五"系列述评之创新发展篇 ························ 15
新增长极加速崛起　城乡发展迈向一体
　　——回眸"十三五"系列述评之协调发展篇 ························ 19
生态环境显著改善　人与自然和谐共生
　　——回眸"十三五"系列述评之绿色发展篇 ························ 23
开放大门越开越大　互利合作不断深化
　　——回眸"十三五"系列述评之开放发展篇 ························ 27

着力增进人民福祉　共同迈入小康社会
　　——回眸"十三五"系列述评之共享发展篇 ················ 31

走向全面小康
　　——"十三五"经济社会发展成就巡礼 ···················· 35

创新驱动发展的时代答卷
　　——"十三五"期间我国科技事业取得历史性成就 ········ 39

夺取反腐败斗争压倒性胜利
　　——"十三五"时期党风廉政建设和反腐败斗争回眸 ······ 43

一份文化成绩单透出百姓生活新变化
　　——"十三五"期间我国文化建设成就综述 ··············· 46

向创新、智能、开放迈进
　　——"十三五"制造业发展扫描 ··························· 50

告别绝对贫困　创造伟大奇迹
　　——"十三五"时期脱贫攻坚历程回眸 ···················· 53

与时代同步与改革同频
　　——"十三五"时期我国立法取得快速发展 ··············· 57

公正司法，不断让公平正义成为你我切身感受 ··············· 61

夯实国家粮食安全根基
　　——"十三五"时期粮食"两藏"战略有力推进 ··········· 65

金融"活水"助力实体经济高质量发展 ······················ 68

金融改革向纵深推进　现代金融体系逐步健全 ··············· 72

以改革激发活力动力　央企高质量发展态势凸显 ············· 76

"十三五"深化税制改革推动经济高质量发展 ················ 79

减税降费促发展　利企惠民添动能
　　——"十三五"时期我国减税降费取得积极成效 ·········· 82

二、向第二个百年奋斗目标进军的行动指南

擘画新蓝图　开启新征程
　　——写在党的十九届五中全会召开之际 ………… 87

高远务实的时代擘画
　　——党的十九届五中全会侧记 ………………… 94

历史交汇点上的宏伟蓝图
　　——《中共中央关于制定国民经济和社会发展第十四个五年规划和
　　二〇三五年远景目标的建议》诞生记 ………… 102

"一次具有全局性、历史性意义的重要会议"
　　——中共中央举行新闻发布会解读党的十九届五中全会精神 ………… 120

向第二个百年奋斗目标进军的行动指南
　　——解读《中共中央关于制定国民经济和社会发展第十四个五年规划
　　和二〇三五年远景目标的建议》 ……………… 126

开启全面建设社会主义现代化国家新征程
　　——从党的十九届五中全会看中国未来发展 … 132

坚持创新核心地位　发展现代产业体系
　　——学习贯彻党的十九届五中全会精神 ……… 136

加快构建新发展格局
　　——论学习贯彻党的十九届五中全会精神 …… 138

坚定不移深化改革扩大开放
　　——学习贯彻党的十九届五中全会精神 ……… 141

弘扬核心价值，坚定文化自信
　　——学习贯彻党的十九届五中全会精神 ……… 143

促进人与自然和谐共生
　　——学习贯彻党的十九届五中全会精神 ……… 145

促进人的全面发展和社会全面进步
　　——学习贯彻党的十九届五中全会精神 …………………………… 147

筑牢安全屏障，建设平安中国
　　——学习贯彻党的十九届五中全会精神 …………………………… 149

坚持党的全面领导，坚决落实中央部署
　　——学习贯彻党的十九届五中全会精神 …………………………… 151

开拓新发展阶段的美好前程
　　——学习贯彻党的十九届五中全会精神 …………………………… 153

融入国家发展，绘就港澳蓝图
　　——港澳各界聚焦十九届五中全会 ………………………………… 155

擘画发展蓝图　续写伟大奇迹
　　——中央和国家机关、人民团体广大干部职工热议党的十九届五中全会精神 … 158

开启新征程　创造新伟业
　　——党政干部热议党的十九届五中全会精神 ……………………… 162

改善人民生活品质　提高社会建设水平
　　——各地城乡基层党员干部群众热议党的十九届五中全会精神 ……… 166

深入调查建言献策，为全面建设社会主义现代化国家贡献力量
　　——各民主党派中央、全国工商联和无党派人士热议中共十九届五中全会精神
　　…………………………………………………………………………… 170

乘风破浪　坚毅前行
　　——党的十九届五中全会精神鼓舞广大知识分子和青年学生创造美好明天
　　…………………………………………………………………………… 173

奋发新青年　逐梦新征程
　　——各地青年学习贯彻落实五中全会精神观察 …………………… 177

三、开启新征程的基层实践：危机中开先机　变局中开新局

走，去京津冀看看协同发展新气象……………………………………… 185

从"大象漫步"迈向"千羚竞驰"
　　——山东以新旧动能转换推动高质量发展………………………… 190

"做难而正确的事"
　　——在中关村感受创新加速度……………………………………… 194

大学生"羊倌"成了致富"领头羊"……………………………………… 197

科技创新潮　涌动胶州湾……………………………………………… 199

人与自然和谐共生的"天津实践"……………………………………… 201

天津港逆势"双增"背后的"密码"……………………………………… 205

让"西安制造"再迎高光时刻…………………………………………… 207

"黄鹿"归来话振兴……………………………………………………… 210

宁夏盐池：一只羊　一条链　一个品牌产业…………………………… 213

宁夏利通区：高质量发展中的奶产业"蝶变"…………………………… 215

赢向未来
　　——来自齐鲁大地上的学思践行…………………………………… 217

山东高青："两头牛"让农民日子"牛"起来…………………………… 222

"故乡的云，回家的路"
　　——赵成志的"游子回乡记"……………………………………… 224

"万盏灯"窑火不灭，青年匠人点亮古镇新梦………………………… 226

彝族"90后"小夫妻雄安打工记………………………………………… 228

异乡非异客
　　——一位意大利籍外企高管眼中的"中国机遇"………………… 230

"唱花儿 绣花儿 日子过得像花儿"
——青海班彦绣娘的幸福生活·················233

东平湖蝶变：以水为笔绘就生态画卷·················235

从黄土荒坡到万亩良田
——兰州新区现代农业发展"变奏曲"·················237

百年老工业城"新新"向荣
——山东淄博产业转型升级观察·················239

"中国速度"创造"中国奇迹"
——一名巴基斯坦籍工程师亲历中国轨道交通创新发展·················242

"新"与"旧"在这里转变
——老工业城市株洲迸发新动能·················244

"洼地"里冒出"高精尖"
——川渝边界工业园区见闻·················246

岳阳治水添彩"巴陵胜状"·················248

附录 中共中央关于制定国民经济和社会发展第十四个五年规划和二〇三五年远景目标的建议·················250

一

回眸"十三五"：
历史性的跨越　决定性的成就

十三五期间，以习近平同志为核心的党中央高瞻远瞩、谋篇布局，团结带领全党全国各族人民砥砺前行、开拓创新，贯彻落实新发展理念，推进高质量发展，取得决定性成就，实现历史性跨越。

★ ★ ★ ★

全面建设社会主义
现代化国家热点解读

历史性的跨越　决定性的成就
——以习近平同志为核心的党中央引领中国"十三五"时期发展纪实

"我们即将胜利完成'十三五'规划主要目标任务，乘势而上开启全面建设社会主义现代化国家新征程。"

2016—2020，新时代中国发展征程上写就浓墨重彩的篇章。

经济总量接近 100 万亿元大关，人均 GDP 突破 1 万美元，经济实力、科技实力、综合国力跃上新的大台阶。

抗击新冠肺炎疫情斗争取得重大战略成果，脱贫攻坚即将取得全面胜利，中华民族阔步走向全面小康，第一个百年奋斗目标即将圆满实现。

5 年间，以习近平同志为核心的党中央高瞻远瞩、谋篇布局，团结带领全党全国各族人民砥砺前行、开拓创新，贯彻落实新发展理念，推进高质量发展，取得决定性成就，实现历史性跨越。

勇立潮头、领航前行，推动中国发展跃上新的大台阶

上千座塔吊，逾 10 万名建设者……今年秋天的华北平原，雄安新区成为全球最大工地，每天都在拔节生长。

2017 年 2 月 23 日，习近平总书记从中南海出发，驱车 100 多公里，来到这片土地。

"建设雄安新区是一项历史性工程",习近平总书记的话给出了清晰定位。

如今,承载千年大计、国家大事的未来之城呈现出热火朝天的建设场景。

雄安新区向南 2000 多公里,深圳前海。

经济特区中的"特区"由滩涂变新城,200 多栋建筑拔地而起,17.3 万家新设企业落户,50 余项制度创新在全国复制推广。

深圳经济特区建立 40 周年之际,习近平总书记在这里向海内外宣示,中国将在更高起点上推进改革开放。

21 世纪第三个十年的开端,放眼大江南北,在中国广袤大地上,一张张蓝图成为现实,一幅幅画卷徐徐铺展。

5 年前,党的十八届五中全会召开。"描绘好未来 5 年国家发展蓝图,事关全面建成小康社会、全面深化改革、全面依法治国、全面从严治党战略布局的协调推进,事关我国经济社会持续健康发展,事关社会主义现代化建设大局。"习近平总书记铿锵有力的话语催人奋进。

5 年光阴,只争朝夕。

不断跳动的数字、持续刷新的排名,见证大国步伐,越来越多的获得感、幸福感、安全感展现生活变迁——

经济总量占世界经济比重从 2015 年的 15.5% 提升至 2019 年的 16.3%,人均国内生产总值达到 70892 元,形成世界最大规模中等收入群体;1 亿多农业转移人口成为新市民,5000 多万贫困人口实现脱贫,困扰中华民族几千年的绝对贫困问题将历史性得到解决……

一个个高光时刻、精彩瞬间,标注中华民族伟大复兴征程上的关键节点,肩负着不忘历史、放眼未来的光荣使命——

2017 年,党的十九大胜利召开,提出全面建设社会主义现代化强国战略目标;2018 年,隆重庆祝改革开放 40 周年,向世界宣示将改革开放进行到底的决心;2019 年,新中国成立 70 周年盛典,汇聚中华儿女奋力前行的时代洪流……

中国制造、中国创造、中国建造联动发力，不断塑造中国的崭新面貌——

制造业增加值占全球份额接近30%，连续10年居世界首位；高速铁路总里程达3.5万公里，高速公路接近15万公里，流动的中国活力四射；港珠澳大桥飞架三地，北京大兴国际机场"凤凰展翅"，一项项重大工程惊艳世界；C919大型客机飞上蓝天，"中国天眼"落成启用，北斗导航系统正式开通，5G网络加速成型，创新伟力持续迸发……

5年间，经济实力、科技实力、综合国力跃上新的大台阶，续写了成绩斐然的中国奇迹，彰显了不同凡响的中国力量。

"十三五"时期，以习近平同志为核心的党中央深谋远虑、着眼大局，深刻洞察国际国内发展走势。

无论是"十三五"规划建议，还是"十三五"规划纲要，开篇都聚焦一个关键词——新常态。

速度变化、结构优化、动力转换，这是中国发展进入新阶段的规律性呈现，是走向更高发展境界的必然历史过程。

习近平总书记鲜明指出，"十三五"规划作为我国经济发展进入新常态后的第一个五年规划，必须适应新常态、把握新常态、引领新常态。

新常态下，发展路向何方？

"'十三五'时期我国发展，既要看速度，也要看增量，更要看质量，要着力实现有质量、有效益、没水分、可持续的增长"，习近平总书记的论断清晰而坚定。

"牢固树立并切实贯彻创新、协调、绿色、开放、共享的发展理念"——党的十八届五中全会确定的新发展理念，科学回答了实现什么样的发展、怎样实现发展的问题，是关系我国发展全局的一场深刻变革。

党的十九大报告中，鲜明提出我国经济已由高速增长阶段转向高质量发展阶段。

2017年12月，党的十九大后习近平总书记首次国内考察来到江苏徐州。在徐工集团，习近平总书记勉励企业着眼世界前沿，努力探索创新发展的好模式、好经验："创新是企业核心竞争力的源泉，很多核心技术是求不到、买不来的。"

以全面建成小康社会为目标，以实现高质量发展为导向，新发展理念作为发展指挥棒，始终贯穿"十三五"经济社会发展全过程。

"十三五"时期，以习近平同志为核心的党中央立足长远、运筹帷幄，坚持一张蓝图绘到底。

5年来，夙夜在公、风雨兼程，习近平总书记的考察足迹遍布广大城市、乡村、企业，一次次主持召开中央政治局会议、中央深改委会议、中央财经委会议等重要会议，同专家学者、企业家、科学家、基层代表等座谈，对"十三五"期间国家的发展作出一系列重大判断，进行一系列重大部署。

破解制约转型升级的深层次矛盾，将供给侧结构性改革作为主线，进行顶层设计，提出任务举措，推动"三去一降一补"取得明显进展；

紧扣我国社会主要矛盾变化，瞄准全面建成小康社会，坚决打好三大攻坚战，防控金融等领域重大风险，脱贫攻坚战取得决定性进展，生态环境保护成效显著；

京津冀协同发展、长江经济带发展、粤港澳大湾区建设、推进海南全面深化改革开放、深入推进东北振兴、长三角一体化发展、黄河流域生态保护和高质量发展、成渝地区双城经济圈建设，一个个国家重大战略打通区域协调发展"经络"，各大区域板块良性互动；

全面深化改革厘清政府和市场关系，高水平开放联通国内、国外市场，深圳中国特色社会主义先行示范区和海南自由贸易港起锚远航……

"十三五"时期，以习近平同志为核心的党中央坚定沉着、保持定力，带领全国人民坚定不移集中力量办好自己的事。

"坚持党的领导"——"十三五"规划建议中，这是推动经济社会发展必须遵循的六大原则之一，同时单辟一章就"加强和改善党的领导"作出详细部署。

2018年深化党和国家机构改革，部分党政机构整合重组，党总揽全局、协调各方在体制机制上得以强化，把方向、谋大局、定政策、促改革的作用进一步凸显。

这5年，不管乱云飞渡、风吹浪打，我们党紧紧依靠人民。"撸起袖子加油干"、"万众一心加油干"、"幸福都是奋斗出来的"……在习近平总书记号召下，全国人民一起拼搏、一起奋斗。

"十三五"时期，世界进入动荡变革期，经济全球化遭遇逆流，保护主义、单边主义上升，世界经济低迷，中美经贸摩擦加剧，我国经济下行压力加大，发展道路并不平坦。

今年全国两会期间，习近平总书记在看望政协经济界委员时强调，要坚持用全面、辩证、长远的眼光分析当前经济形势，努力在危机中育新机、于变局中开新局。

这5年，无论是迎战外部环境变化的惊涛骇浪，还是应对国内发展的困难挑战，以习近平同志为核心的党中央始终坚持底线思维，保持战略定力，不断攻坚克难、化危为机。

2016年召开的中央经济工作会议上，稳中求进工作总基调被确定为我们党治国理政的重要原则。

"十三五"时期，从总体平稳到缓中趋稳，再到稳中有变，中国经济运行始终保持稳的主基调，稳住了基本面，筑牢了基本盘，稳中向好、长期向好的基本趋势没有改变，为复杂多变的世界注入稳定性和确定性。

4.9%！今年第三季度，中国经济延续二季度以来转正态势，复苏更为强劲，前三季度累计已实现正增长。

国际货币基金组织近期发布报告，预计2020年全球经济将萎缩4.4%，中国将是全球唯一实现正增长的主要经济体。

"在疫情防控和经济恢复上都走在世界前列，显示了中国的强大修复能力和旺盛生机活力！"习近平总书记掷地有声的话语，显现了中国战胜前进道路上一切艰难险阻的信心和力量。

改革创新、破局开路，引领中国号巨轮驶向高质量发展航程

"当初得知要退捕上岸，心里挺着急，大家担心生计。真正上了岸，在政府帮扶下，很多年轻人学手艺找到了工作。"安徽省马鞍山市原薛家洼村民三姑娘说。

三姑娘家有5艘船，长江禁渔后，渔船拆解得到补偿款和过渡期生活补贴，一家人搬进新居，丈夫成为护渔保洁员。

"长江禁渔是件大事，关系30多万渔民的生计，代价不小，但比起全流域的生态保护还是值得的。"今年8月，习近平总书记在安徽考察调研时强调。

长江，中华民族的母亲河，是我国发展重要支撑、经济重心所在。

2016年1月，在重庆召开推动长江经济带发展座谈会时，习近平总书记明确提出把修复长江生态环境摆在压倒性位置，共抓大保护，不搞大开发。

大江奔流，山川换新颜。

5年间，我国生态文明建设力度之大前所未有，2019年单位GDP能耗比2015年下降13.2%，全国337个地级及以上城市空气质量优良天数比例达到82%，地表水质量达到或好于Ⅲ类水体比例达74.9%，污染防治阶段性目标顺利实现，生态环境质量总体改善。

"十三五"时期，以新发展理念为指引，推动质量变革、效率变革、动力变革，我国经济发展从"有没有"转向"好不好"。

5年来创新引领，高质量发展打开动力转换之门——

"这些产品都是自主研发的吗？市场占有率怎么样？"2020年10月12日，习近平总书记在广东考察潮州三环（集团）股份有限公司时，拿起一块陶瓷基板边看边问。

企业负责人告诉总书记，公司成立50年来专注做一件事，就是坚持自主创新和推动产业转型升级，目前90%以上的设备是自主研发，光通信连接器用陶瓷插芯占全球市场用量75%以上。

"企业要发展，产业要升级，经济要高质量发展，都要靠自主创新。"

这是总书记的殷切希望，也是国家发展的方向。

2018年3月，参加全国两会广东代表团审议时，习近平总书记强调，要使创新成为高质量发展的强大动能。

5年来，从科研院所到高校，从高新技术企业到高新区，习近平总书记一次次来到创新要素最活跃的地方；从出席中央会议到在院士大会上发表重要讲话，习近平总书记对科技创新始终牵挂于心。

"坚持走中国特色自主创新道路"、"掌握更多关键核心技术"、"技术创新是企业的命根子"……5年间，共和国的决策者始终把科技创新摆在国家发展全局的核心位置。

开展职务科技成果所有权或长期使用权试点，设立科创板，完善科技奖励制度，科技创新政策举措更加完善；

北京、上海、粤港澳大湾区国际科技创新中心建设深入推进，布局建设50多个重大科技基础设施项目，科技创新空间布局持续优化；

载人航天和探月工程硕果累累，散裂中子源等一批国之重器相继建成运行，时速600公里高速磁悬浮试验样车下线……5年间，我国重大创新成果竞相涌现，一些前沿领域进入并跑、领跑阶段。

"要于危机中育先机、于变局中开新局，必须向科技创新要答案。"2020年10月16日，中央政治局就量子科技研究和应用前景举行集体学习，习近平总书记再次强调。

5年来改革破局，高质量发展持续向纵深推进——

"机遇就在你们手里。"今年8月19日，马钢优质合金棒材车间里铁花飞溅，一片忙碌。习近平总书记来到这里，鼓励企业加快发展。

2016年至今，习近平总书记考察过多家钢铁企业，既有通过整合跻身世界级企业的马钢，也有走出去发展壮大的河钢；既有实现转型升级的首钢，也有加快科技创新步伐的太钢。

"十三五"期间，我国钢铁产业从行业陷入全面亏损，到实现去产能目标，再到行业效益达到历史最高水平，有力验证了供给侧结构性改革成效。

这5年，通过去产能、去库存、去杠杆，我国工业产能利用率上升至2019年底的76.6%，宏观杠杆率高速增长势头得到遏制；

通过降成本，征收了66年的营业税退出历史舞台，企业税费负担进一步降低，2016年至2020年新增减税降费累计将达7.6万亿元左右；

以供给侧结构性改革为代表，"十三五"时期全面深化改革全面发力、多点突破，重要领域和关键环节改革取得决定性成果。

5年间，一系列标志性、关键性、引领性的改革落地生根：实施国防和军队改革，全面建立河长制、湖长制，产权制度改革把"有恒产者有恒心"写进中央文件，农村土地所有权、承包权、经营权"三权分置"得以完善，推进以审判为中心的刑事诉讼制度改革，建立企业职工基本养老保险基金中央调剂制度……

前不久，以经济特区建立40周年为契机，中央以清单批量授权方式赋予深圳在重要领域和关键环节改革上更多自主权，一揽子推出27条改革举措和40条首批授权事项。

5年来开放融通，高质量发展不断开辟新空间——

"实践证明，过去40年中国经济发展是在开放条件下取得的，未来中国经济实现高质量发展也必须在更加开放条件下进行。"

2018年4月，习近平总书记在博鳌亚洲论坛2018年年会开幕式上发表主旨演讲，阐明了以开放推动高质量发展的决心。

累计与138个国家和30个国际组织签署200份共建"一带一路"合作文件，设立21个自由贸易试验区，全球营商环境排名跃升至2019年的第31位，成功举办两届中国国际进口博览会……5年来，我国对外开放走向更高水平，开放型经济新体制加快构建。

今年在全球疫情蔓延形势下，从广交会搬上云端，到服贸会、进博会如约而至，中国接连举办重大国际经贸活动，为世界经济复苏增添动力。

"充分发挥我国超大规模市场优势和内需潜力，构建国内国际双循环相互促进的新发展格局"，今年5月14日召开的中央政治局常委会会议，提出新的重大发展战略。

推动形成以国内大循环为主体、国内国际双循环相互促进的新发展格局，是以习近平同志为核心的党中央科学把握国内外发展大势作出的战略决策。

"以国内大循环为主体，绝不是关起门来封闭运行，而是通过发挥内需潜力，使国内市场和国际市场更好联通，更好利用国际国内两个市场、两种资源，实现更加强劲可持续的发展。"今年7月，习近平总书记在企业家座谈会上旗帜鲜明地表明了坚定不移扩大开放的姿态。

人民至上、造福人民，带领全体人民奔向幸福美好生活

翻越一座山需要多少年？

四川大凉山，悬崖绝壁之上，阿土列尔村人祖祖辈辈在这里生活了数百年。2016年11月前，村民出行全部依赖"天梯"。

"看着村民们的出行状态，感到很揪心。"2017年全国两会上，习近平总书记谈到有关凉山州"悬崖村"的电视新闻报道时，关切之情溢于言表。

2020年5月，村民们终于下山了。

84户建档立卡贫困户、共344人，陆续搬迁至位于昭觉县易地扶贫搬迁县城集中安置点的新家。

几千年来压在村民头上的"贫困大山"，终于翻越了过去。

"必须坚持以人民为中心的发展思想，把增进人民福祉、促进人的全面发展作为发展的出发点和落脚点。"党的十八届五中全会强调。

贯彻新发展理念，增进人民福祉、促进人的全面发展是出发点和落脚点。

5年来，以习近平同志为核心的党中央把人民对美好生活的向往作为始终不渝的奋斗目标，坚持发展为了人民、发展成果由人民共享，努力在推动高质量发展过程中办好各项民生事业、补齐民生领域短板，不断增强人民群众获得感、幸福感、安全感。

——立下愚公志，吹响冲锋号，引领脱贫攻坚进入决战阶段。

贫困，"十三五"时期我国发展中最突出的短板。

2015年底，我国还有5433万农村建档立卡贫困人口，多数西部省份的贫困发生率超过7%，贫困程度深、减贫成本高、脱贫难度大。

一鼓作气，尽锐出战。

习近平总书记亲自挂帅、亲自出征、亲自督战。5年来，习近平总书记花精力最多的是扶贫工作，坚持每年召开一次脱贫攻坚专题座谈会，持续不断深入贫困地区考察调研，走进一个个贫困村访贫问苦，对贫困群众念兹在兹。

从进一步做好东西部扶贫协作和对口支援工作，到加快推进深度贫困地区脱贫攻坚，再到着力解决"两不愁三保障"突出问题，每到脱贫攻坚战重要节点、关键时刻，习近平总书记都提出更明确的思路，部署更精准的举措。

为推动贯彻中央统筹、省负总责、市县抓落实工作机制，2017年开始，习近平总书记每年主持召开中央政治局会议，听取年度脱贫攻坚成效考核等情况汇报。

为确保最后胜利，2020年3月6日，习近平总书记出席党的十八大以来脱贫攻坚最大规模的会议，直接对从省级到县级的干部提要求、作部署。

牢记总书记嘱托，5年累计有290多万名第一书记或驻村干部奋战在脱贫攻坚一线；

在总书记始终挂念的"三区三州"，贫困人口由2017年的305万人减少到2019年底的43万人；

总书记关心的"两不愁三保障"问题，已总体实现和基本解决……

"十三五"前4年，我国贫困发生率由2015年末的5.7%下降至2019年末的0.6%。当前，52个未摘帽贫困县和1113个贫困村正进行挂牌督战，向贫困堡垒发起最后的冲锋。

"我们有信心如期全面建成小康社会，如期实现现行标准下农村贫困人口全部脱贫，提前10年实现《联合国2030年可持续发展议程》减贫目标。"今年9月22日，习近平总书记在第七十五届联合国大会一般性辩论上向全世界郑重宣示。

——聚焦民生"小事",补齐民生短板,促进公平正义,努力让人民群众的获得感成色更足、幸福感更可持续、安全感更有保障。

推进北方地区冬季清洁取暖、推行垃圾分类、提高养老院服务质量……

2016年12月21日,习近平总书记主持召开中央财经领导小组第十四次会议,研究"十三五"规划纲要确定的165项重大工程项目进展和解决好人民群众普遍关心的突出问题等工作。

"全面建成小康社会,在保持经济增长的同时,更重要的是落实以人民为中心的发展思想,想群众之所想、急群众之所急、解群众之所困,在学有所教、劳有所得、病有所医、老有所养、住有所居上持续取得新进展。"习近平总书记强调。

聚焦群众"急难愁盼","小事"当成大事办。

"十三五"时期,以习近平同志为核心的党中央坚持从人民群众普遍关心、反映强烈、反复出现的问题出发,拿出更多举措、花更多气力,一件件抓落实:

5年来,累计实现城镇新增就业超过6000万人,创新创业大潮涌动,新职业不断出现;

5年来,全国棚改开工约2300万套,帮助5000多万居民"出棚进楼",截至2019年底,3800多万困难群众住进公租房,近2200万困难群众领取了租赁补贴;

5年来,义务教育质量不断提高,全国99.8%的义务教育学校办学条件达标,建档立卡贫困家庭义务教育阶段辍学学生清零;

5年来,养老服务体系建设投资力度不断加大,服务能力不断提升,养老服务床位数超过761万张,近3000万老年人享受高龄补贴;

5年来,健康中国战略稳步实施,2019年我国人均预期寿命达到77.3岁,基本医疗保险参保覆盖率稳定在95%以上,主要健康指标总体上居于中高收入国家前列。

5年来,民主法治与时代同步、与改革同频,一批重要法律和有关法律问题的决定相继制定,通过民法典,出台疫苗管理法,修改环境保护法、大气污染防治法……科学立法、民主立法、依法立法深入推进。

——人民至上、生命至上,坚持把人民生命安全和身体健康放在第一位,彰显深厚为民情怀。

今年10月17日零时,青岛市全员核酸检测样本基本完成,5天时间,采样超过1089万份。

"为了保护人民生命安全,我们什么都可以豁得出来!"习近平总书记的话语坚定有力。

面对前所未见、突如其来的新冠肺炎疫情,以习近平同志为核心的党中央团结带领全国各族人民,果断打响疫情防控这场没有硝烟的战争。

千万人口大市关闭离汉通道;4万余名医务人员星夜驰援;14亿中国人众志成城。

从出生仅30多个小时的婴儿到108岁的老人,不放弃每一位病患;全国确诊患者人均医疗费用约2.3万元,一些危重症患者的治疗费用达几十万甚至上百万元,全部由国家承担……

殷殷之情,映照初心。

"十四五"时期是乘势而上开启全面建设社会主义现代化国家新征程、向第二个百年奋斗目标进军的第一个五年,我国将进入新发展阶段。

党的十九届五中全会将审议关于制定国民经济和社会发展第十四个五年规划和2035年远景目标的建议,为今后一个时期中国经济社会发展指明方向、勾画蓝图。

在以习近平同志为核心的党中央坚强领导下,始终保持永不懈怠的精神状态和一往无前的奋斗姿态,我们必将创造新的更大奇迹,夺取新的更大胜利。

(新华社北京2020年10月24日电　新华社记者赵超、齐中熙、安蓓、陈炜伟、侯雪静)

澎湃新动力　广阔新空间
——回眸"十三五"系列述评之创新发展篇

这是创新驱动不断向纵深延展的5年，这是科技持续"赋能"高质量发展的5年。

高铁、5G加速推广应用，智能设备涌入千家万户，创新药越来越多"中国造"……回眸"十三五"，我国创新质量连年位居中等收入经济体首位，主要科技创新指标稳步提升。澎湃的新动力，正在推动"中国号"巨轮驶向复兴彼岸。

发展引擎持续向创新切换

9月，湖南长沙，黄花国际机场。一台驭势科技无人物流车从云端接收任务后，自主规划路线，自主避障，将货物准确运至指定区域。

驭势科技创始人吴甘沙说，这是无人驾驶技术在我国境内航空物流领域的首次应用，将提升航空物流运营效率。

"无人"层出不穷，"扫一扫"随处可见，"硬科技"受到资本市场青睐。创新，越来越成为引领发展的第一动力，为经济转型升级注入不竭动能。

在山东，攻关新一代高速光电器件核心技术的奇芯光电，正在打造相关产业高端人才创新与创业孵化基地，成为当地新旧动能转换重点项目。

在湖北，华中科技大学谢庆国教授团队自主研发的"癌细胞高清数码相机"——全数字 PET/CT，性能达到国际先进水平，有望从高端医疗器械领域带动产业链发展。

新时代呼唤新发展，新发展孕育新动能。

全国 169 个高新区生产总值达 12 万亿元，经济总量占全国的十分之一以上；数十万名科技特派员领办创办 1.15 万家企业；截至 2020 年 6 月底，我国国内（不含港澳台）发明专利有效量达 199.6 万件，连年位居世界第一……一组组亮眼的数字，勾勒出科技创新的壮阔图景。

大飞机首飞、超级计算机竞逐榜首、核电技术与装备"走出去"……5 年来，我国重大创新成果竞相涌现，战略领域攻克一批关键核心技术，一些高新技术产业正在进入世界前列。

创新驱动下，"十三五"期间我国发展跑出"加速度"，奔向"新未来"。

创新浪潮带来更多"获得感"

10 月 9 日，国家药品监督管理局批准了信达生物研发的抗肿瘤新药——达伯华。作为国家重大新药创制专项成果，达伯华的上市降低了患者用药成本，更好满足百姓对高质量生物药的需求。

信达生物，这家成立于 2011 年的新药公司，创办 9 年就有 4 个药物上市，成为新药研发"中国速度"的一个缩影。

更好的医疗卫生服务，更放心的食品药品，更宜居的生活环境……百姓的需要和呼唤，是科技创新的时代声音。

今年 8 月底以来，东北地区遭遇历史罕见的台风"三连击"，金秋十月，黑龙江省黑河市爱辉区嘉兴现代农机专业合作社 2.45 万亩大豆和玉米依然喜获丰收。"丰收的'秘诀'是使用科学技术和先进机械，又合理轮作，精选优良大豆品种。"合作社理事长盖永峰说。

一款帮助医生判读斑块、血栓等图像的国产心血管 OCT（光学相干断层成像技术）设备近期正式上市。微光医疗创始人朱锐表示，曾经依赖进口的

OCT设备实现中国造，对我国心血管疾病患者的精准治疗和降低负担将起到极大助推作用。

网购"足不出户"，网课跨越"教育鸿沟"，高铁让"天涯若比邻"，智能设备在疫情防控中大放异彩……一个个利民惠民的创新案例，编织成全面小康的蓝图，稳稳托起中国人对美好生活的向往。

新关口，新征程

深圳粤海街道，面积仅23公顷，却拥有95家上市公司，活跃着中兴、腾讯、大疆等知名高新科技企业。

40年前蛇口的开山炮隆隆响起，弹指间沧海桑田，深圳的经济总量已位居亚洲城市第五位。

10月18日，《深圳建设中国特色社会主义先行示范区综合改革试点首批授权事项清单》正式发布。清单共40条授权事项，涵盖要素市场化配置、营商环境、科技创新体制、对外开放、公共服务体制、生态和城市空间治理等六个方面。

创新，是创造深圳奇迹的一把"金钥匙"，也是新形势下打开突破口、闯出新天地的法宝。在更高起点、更高层次、更高目标上推进改革开放——深圳的再出发，何尝不是这个国家开启新征程。

加快建设一批重大创新平台，建设一流的创新环境、集聚一流创新资源、吸引一流创新人才；

大众创业万众创新以鼎新推动革故，促进了"放管服"等改革，成为提升创新效率和能力的重要抓手，培育了接续有力的新动能；

科技体制改革涉深水，向束缚创新的藩篱动真格，《促进科技成果转移转化行动方案》《关于深化科技奖励制度改革的方案》等一系列重磅文件出台，有利于创新的体制机制更加成熟定型……

在广袤的宇宙中，"天问"奔火的道路越来越长，"玉兔"探月的脚步越走越远。在希望的田野上,袁隆平团队"超优千号"耐盐水稻平均亩产量达802.9公斤,创下盐碱地水稻高产新纪录。

2020年,创新型国家阶段性目标实现之年。站在新的历史起点,面对百年未有之大变局和我国"十四五"时期以及更长时期的发展需求,更加需要增强创新这个第一动力。中国创新的浪潮,将与时代共振,继续奔涌向前!

（新华社北京2020年10月19日电　新华社记者董瑞丰、胡喆、温竞华）

新增长极加速崛起 城乡发展迈向一体
——回眸"十三五"系列述评之协调发展篇

这是中国经济新增长极多点开花的五年——

京津冀协同发展、长江经济带发展、粤港澳大湾区建设、长三角一体化发展、成渝地区双城经济圈建设……多个区域协调发展战略向纵深推进,一盘纵横联动东西南北、统筹联通国内国外的发展新棋局正加快形成。

这是中国城乡融合发展稳步推进的五年——

进城务工与返乡创业齐头并进、水电路网等基础设施在城乡间"无缝连接"、多层次社会保障体系加快构建……随着破解城乡二元结构、推进城乡要素平等交换和公共资源均衡配置不断取得新进展,城乡发展一体化的新画卷正徐徐展开。

锻造增长极 提升牵引力

前段时间,在重庆创业的成都人谭殿杨,领到了成渝探索市场监管一体化合作后互发的首张营业执照。"要是以前,在异地办理营业执照,来回至少要奔波半个月,如今当天就能办成,太方便了。"谭殿杨说。

小小的营业执照,是新时代成渝唱好"双城记"的一个缩影。10月16日,中共中央政治局召开会议,审议《成渝地区双城经济圈建设规划纲要》,我国区域经济又一次迎来重大战略布局。

回望"十三五"时期,以习近平同志为核心的党中央着眼全国"一盘棋",京津冀协同发展、长江经济带发展、粤港澳大湾区建设、长三角区域一体化发展等不断扎实推进,区域空间结构不断优化,引领高质量发展的重要动力源加快形成。

"多个区域协调发展战略深入推进,实质上是以非均衡的发展路径来实现均衡发展,逐渐让中国发展趋于协调。"深圳大学中国经济特区研究中心主任陶一桃说,不断以点带面打造经济增长极,将更好发挥集聚效应和扩散效应。

今年9月召开的中央全面深化改革委员会第十五次会议,为区域经济发展指引新方向、提出新要求:要把构建新发展格局同实施国家区域协调发展战略、建设自由贸易试验区等衔接起来,在有条件的区域率先探索形成新发展格局,打造改革开放新高地。

更高的部署,更大的期许。

"新增长极加速崛起,为我国加快构建现代化经济体系,不断推动经济发展质量变革、效率变革、动力变革提供了强劲动力。"中国国际经济交流中心首席研究员张燕生说。

打破二元结构　城乡并肩前行

"没见过!更没想过还能有这样的事。"坐在村里小卖部的板凳上、看着快递小哥忙活着搬来大大小小几十个包裹,老吕蹭了蹭旁边的老伙计说:"这不就跟电视里演的一样嘛。"

老吕今年72岁,家住江西省崇仁县白陂乡桃里村一小组。这几年,她见过的"新鲜事"可不少:有人在养鸡棚顶装了光伏太阳能板,棚子底下鸡下蛋,棚子顶上还有"金蛋蛋",几年下来不仅脱了贫,还奔了小康;有人在村里开起了网店,一边是农货出村,一边是城里的好东西进山,最近居然还可以用手机下单买菜,第二天上午就送到了村里……

要致富，先修路。对农村而言，尤其如此。截至2019年底，全国农村公路里程已经达到420万公里，实现具备条件的乡镇和建制村100%通硬化路。到2020年8月底，已基本实现具备条件的乡镇和建制村100%通客车。

不只是修路。"十三五"以来，我国下大力气推进城乡要素平等交换和公共资源均衡配置，加快构建和谐共生、共同繁荣的城乡关系和良好局面。

城里的"大门"更开了。经过几年努力，1亿非户籍人口在城市落户目标提前完成，截至2019年底，户籍人口城镇化率达到44.38%，农民工参加职工基本养老保险达6301万人，兜住进城后稳稳的幸福。

乡村的面貌更美了。以往，一些农村"垃圾靠风刮，污水靠蒸发"。现在，"室内现代化，室外开鲜花"的场景已不鲜见，越来越多乡村成为城市"后花园"和创业热土。

也要看到，全面建成小康社会，最突出的短板在"三农"。面向未来，在城乡发展一体化的前进道路上，要更加聚焦迫切问题补齐短板。

在协调发展中更好构建新发展格局

古人讲，"唱和如一，宫商协调"。当前，我国正构建以国内大循环为主体、国内国际双循环相互促进的新发展格局。

不论是"大循环"，还是"双循环"，都离不开"协调"二字。

协调发展，主要旨在解决发展不平衡问题，这是我国发展的实际倒逼而来，也是因时而动、应势而为，发挥主观能动性的主动选择。

放眼神州大地，东北全面振兴、中部地区崛起、西部大开发等重大发展战略，与京津冀协同发展、长江经济带发展、粤港澳大湾区建设、长三角一体化发展、黄河流域生态保护和高质量发展、成渝地区双城经济圈建设一道，构筑起我国协调发展的"骨骼"和"经络"。

张燕生认为，既要区域内部分工协作，也要区域之间优势互补，不断优化和稳定产业链供应链创新链，共同形成高质量的协调发展新局面。

"十三五"收官、"十四五"将启之际，有理由相信，中国将在协调发展中书写复兴新篇章。

（新华社北京 2020 年 10 月 20 日电　新华社记者刘红霞、申铖）

生态环境显著改善　人与自然和谐共生
——回眸"十三五"系列述评之绿色发展篇

这是中国越来越美的五年——蓝天越来越多,江河越来越清,生态越来越好……"十三五"期间,我国生态环境显著改善,人民群众的生态环境获得感、幸福感和安全感不断增强。

护绿增绿,人与自然和谐共生

金秋时节,山西省太原市西山的玉泉山公园仍是满目青翠,三三两两的市民在林间小路散步。

"哪想得到,我们这里能从一个废旧矿山变成大花园。"家住玉泉山脚下的村民常春生说。就在几年前,西山一带还是太原市一大污染源。曾经无序采矿让山体满目疮痍,刮风扬黑灰,下雨流污水。

前几年,在当地政府支持下,复转军人张俊平"认养"了玉泉山,带着工人扎根山上,克服缺水缺电等困难,栽植树木500多万棵,把昔日的废矿山变成了充满生机的城市"后花园"。

人不负青山,青山定不负人。

"交通方便了,环境优美了,发展机遇也来了。"常春生说,现在村民不出村就可以做小买卖,开起了农家乐、采摘园,日子越过越红火。

回眸"十三五",像玉泉山这样的生态巨变,在很多地方发生着——

在祁连山，牧民们从保护区核心区迁出，持证矿业权全部退出，水电站完成分类处置，曾经喧闹的大山如今重回宁静。

在贺兰山，宁夏彻底关停保护区内所有煤矿、非煤矿山、洗煤储煤厂等，修复矿山生态，生态环境严重破坏状况得到扭转。

在秦岭北麓，陕西持续开展整治，曾经成群的违建别墅已不见踪迹，绿水青山成为群众共享的风景。

五年来，我国持续开展生态保护修复，推动构建以国家公园为主体的自然保护地体系，组织开展"绿盾"自然保护地强化监督，扎实推进生物多样性保护重大工程。

五年来，神州大地被越来越多的绿色点染，毛乌素、浑善达克、科尔沁和呼伦贝尔四大沙地生态状况整体改善。森林资源持续增长，人工林保存面积稳居全球首位，赢得世界赞誉。

山水林田湖草，祖国山川生机盎然，我们赖以生存的家园正变得越来越美。

污染防治，生态环境质量明显提升

长江边的重庆市涪陵区，是驰名中外的榨菜产地。小小的"青疙瘩"，成为当地富民兴农的支柱产业。

然而，榨菜加工过程中产生的大量废水怎么处理，曾让涪陵区百胜镇一家榨菜生产合作社的负责人刘会很头疼——废水未经处理直排环境，导致部分河流发黑发臭，也成为长江生态环境的隐患。

"现在好了，污水管网接通了，废水排入污水处理厂集中处理，我们能增收、环境能增绿。"刘会说，"保护好绿水青山，才能长出榨菜'金疙瘩'。"

环境就是民生，青山就是美丽，蓝天也是幸福。小小榨菜厂的污染治理只是五年来我国全面开展污染防治攻坚战的一个缩影。

为"擦亮"蓝天，我国化解钢铁产能约2亿吨，1.4亿吨地条钢全部清零；燃煤电厂累计完成超低排放改造8.9亿千瓦；推进京津冀及周边地区、汾渭平原等区域散煤治理，完成散煤治理2500万余户。

为保卫碧水，我国建成了全世界最大的污水处理能力；地级及以上城市建成区中，近九成原本又黑又臭的河道告别"黑臭"；长江经济带95%的省级及以上工业园区建成污水集中处理设施。

"空气好了""环境美了"，成为越来越多人的切身感受。人民群众对美好生态环境的期待，正在一步步变为现实。

绿色转型，助推经济高质量发展

今年"十一"黄金周，位于武夷山南麓、闽江源头的福建三明市旅游市场火爆，共接待游客422万人次，实现旅游收入24.73亿元。

三明本是个重工业城市，尤溪、将乐、建宁等地的矿藏资源丰富。"挖山开矿马上就能带来真金白银，但我们没有开这个口子。"尤溪县委书记杨永生说，近年来，全县封停了170多处无序开矿点，并建立专业执法巡查队伍，守护好绿水青山。

三明持续推进用清洁工艺、环保技术等改造提升传统产业，并大力培育森林康养、休闲旅居、医养结合等新业态，以"林深、水美、人长寿"的亮丽形象，吸引着越来越多人的关注。

五年来，绿色正在成为我国经济高质量发展的鲜明底色。各地优化产业布局和结构，大力整治"散乱污"企业，为拥抱"高精尖"产业腾出空间，为环境守法企业创造了更加公平的竞争环境。

五年来，我国大力发展绿色建筑、绿色交通，经济社会全方位绿色转型的步伐加快。生活垃圾分类，公共交通出行，节约粮食、反对浪费等绿色生活方式成为全社会的共识。

不久前，我国宣布，将提高国家自主贡献力度，采取更加有力的政策和措施，二氧化碳排放力争于2030年前达到峰值，努力争取2060年前实现碳中和。

国家气候变化专家委员会副主任何建坤表示，我国率先控制住疫情，并提出新的二氧化碳减排目标，就是向全世界明确，中国要坚持走绿色复苏、绿色转型之路。

新征程即将开启。相信在新发展理念指引下，大力推进生态文明建设，我们一定能早日建成青山常在、绿水长流、空气常新的美丽中国。

（新华社北京 2020 年 10 月 21 日电　新华社记者高敬）

开放大门越开越大　互利合作不断深化
——回眸"十三五"系列述评之开放发展篇

中国的发展离不开世界，世界的繁荣也需要中国。

"十三五"期间，面对错综复杂的国际环境，中国坚定不移奉行互利共赢开放战略，积极利用国际国内两个市场、两种资源，推动更大范围、更高水平的对外开放，在世界经济的汪洋大海中乘风破浪。

坚定不移全面扩大开放

9月，2020年中国国际服务贸易交易会成功举办；

10月，第128届广交会在"云端"火热进行；

11月，第三届中国国际进口博览会又将如期而至……

在新冠肺炎疫情全球蔓延背景下，中国克服困难、搭建平台，展现开放新高度，推动世界经济尽快复苏。

改革不停顿，开放不止步。过去五年间，中国始终致力于推动构建全方位、多层次、宽领域的全面开放新格局。开放已经成为当代中国的鲜明标识。

多措并举，开放的进程不断深化——

从颁布实施外商投资法、扩容自贸试验区，到发布《海南自由贸易港建设总体方案》；从两次举办以进口为主题的国家级展会，到"蹄疾步稳"开放金融市场、多次削减关税……一系列重大举措，彰显中国进一步扩大开放的气魄和决心,也展现了中国同世界共享机遇的满满诚意。

根据世界银行《2020年全球营商环境报告》,中国的营商环境全球排名从2017年的第78位上升到2019年的第31位。

"磁力"大增,外国企业加快在华布局——

特斯拉来华建厂,巴斯夫、宝马、大众集团等众多企业持续扩大在华投资……看好中国发展前景,外商纷纷投下"信心票";第一家外资控股证券公司,第一家外资全资控股公募基金……伴随中国开放大门越开越大,一个个"第一"接踵而至。

中国欧盟商会6月发布的调查报告显示,超过六成受访者表示中国仍然是其前三大投资目的地之一。根据中国美国商会调查,大部分美国企业认为中国市场需求和盈利更加稳定,无意撤离中国市场。

同各方合作共赢共享发展

9月30日,云南省勐腊至勐满口岸高速公路正式通车运营。通车后,腊满高速同老挝国道17号公路相连,助力老挝变"陆锁国"为"陆联国"的梦想迈出坚实一步。

五年来,中国以"一带一路"建设为重点和抓手,积极构建对外开放新格局,同各方合作共赢、共享发展。

最新数据显示,中国已同138个国家和30个国际组织签署200份共建"一带一路"合作文件,共同开展了超过2000个合作项目;中国与沿线国家货物贸易累计总额超过了7.8万亿美元,对沿线国家直接投资超过了1100亿美元。

通过共建"一带一路",斯里兰卡改写71年未新建铁路的历史,克罗地亚修建跨海大桥的梦想变为现实,内陆国哈萨克斯坦有了出海口……五年间,"一带一路"从愿景转化为现实,成为全球最大的国际合作平台。

今年前6个月,中欧班列运输进出口货物同比增长30.9%,成为稳定国际供应链的"钢铁驼队";前8个月,中国企业对"一带一路"沿线国家非金融类直接投资同比增长31.5%；新冠肺炎疫情期间，"一带一路"基建项目成功实现抗疫复工两不误……

"包容性发展、共享科学创新和社会发展红利，让'一带一路'倡议真正成为国际共识。"意大利洛伦佐·梅迪奇国际关系研究所专家帕伦蒂说。

面对疫情挑战，中国正同各方一道努力，把"一带一路"打造成团结应对挑战的合作之路、维护人民健康安全的健康之路、促进经济社会恢复的复苏之路、释放发展潜力的增长之路。

推动构建开放型世界经济

同柬埔寨正式签署自由贸易协定；同欧方签署《中欧地理标志协定》，确认加快中欧投资协定谈判，实现年内完成谈判的目标；努力推动年内签署区域全面经济伙伴关系协定……疫情阻断不了中国同世界携手共进、合作共赢的信心和行动。

积极参与全球经济治理、为构建开放型世界经济贡献力量，五年来中国行动一以贯之，世界看到了一个负责任大国的历史担当。

在二十国集团领导人杭州峰会上倡导建设创新型、开放型、联动型、包容型世界经济；在世界经济论坛2017年年会上指出，让世界经济的大海退回到一个一个孤立的小湖泊、小河流，是不可能的，也是不符合历史潮流的；在第七十五届联合国大会一般性辩论上旗帜鲜明反对单边主义、保护主义，维护全球产业链供应链稳定畅通……

五年间，中国胸怀世界，围绕全球经济治理困局把脉开方。

中国正式成为国际货币基金组织第三大股东，努力提升新兴经济体和发展中国家的代表性和发言权；由中方倡议成立的亚洲基础设施投资银行成员增至103个，已为24个成员提供总额近200亿美元的基础设施项目投资；从落实中非"十大合作计划"到落实中非"八大行动"……

五年间，中国创造机遇和条件，积极推动包容性发展，让发展中国家和欠发达国家不再是"被遗忘的角落"。

当今世界正面临百年未有之大变局。站在新的起点上,中国正以更开放的姿态、更坚定的步伐,同世界分享发展机遇,推动构建人类命运共同体,谱写更加精彩壮丽的时代篇章。

(新华社北京2020年10月22日电 新华社记者郑明达、成欣)

着力增进人民福祉　共同迈入小康社会
——回眸"十三五"系列述评之共享发展篇

民心是最大的政治。人民对美好生活的向往是中国共产党始终不渝的奋斗目标。

2020年,决胜全面建成小康社会之年,"十三五"即将收官,"十四五"正待起航。

回眸五年,在以习近平同志为核心的党中央坚强领导下,各项民生事业迈上新台阶,民生保障更加坚强有力,一幅写满百姓更多获得感、幸福感、安全感的民生画卷徐徐展开。

人民至上,牢牢坚持以人民为中心的发展思想

接近10月17日零时,青岛市宣布,全员核酸检测基本完成,10899145个核酸样本检测均出结果,除此前公布的确诊病例外,无新增阳性样本。

120小时!青岛市抓住此次疫情处置"黄金窗口期",果断启动全员核酸检测,并全力救治确诊患者。

新冠肺炎疫情发生以来,从全国范围调集最优秀的医生、最先进的设备、最急需的资源,全力以赴投入疫病救治,到部署强化公共卫生和疾控体系,"坚持把人民生命安全和身体健康放在第一位"始终是最坚定的指导思想。

"人民"二字,串起了"十三五"时期的发展脉络。

在位于秦岭深处的陕西柞水县小岭镇金米村，村民肖青松的日子这两年越过越红火。在当地和央企中铁一局帮扶下，这个曾经的贫困村建起了智能木耳大棚、木耳培训中心等项目。肖青松承包了 4 万袋地栽木耳，去年一年就挣了 5 万元。家里装修了老房子，还开了一个农家乐。

截至今年 9 月，金米村电商平台网上销售木耳 2300 万元。"产业扶贫，重在因地制宜培育特色产业，让群众受益，实现持续稳定增收。"中铁一局工会主席王力说。

以人民为中心，保民生、惠民生，"十三五"时期各项民生指标不断改善。

——脱贫攻坚取得决定性成就。"十三五"时期我国超过 5000 万农村贫困人口摆脱绝对贫困。贫困发生率从 2016 年的 4.5% 下降至 2019 年的 0.6%，区域性整体贫困基本得到解决。

——居民生活质量明显提升。2019 年，全国居民人均可支配收入达 30733 元，比 2015 年增长 39.9%。

——保障性安居工程建设加快推进。2016 年至 2019 年全国棚户区改造开工累计 2157 万套。

补齐短板，多措并举回应民生关切

近日，位于浙江省温州市洞头区的 220 千伏常青输变电工程成功投运。

据建设单位国网温州市洞头区供电公司发展建设部主任朱圣敏介绍，常青输变电工程投运后，温州实现县域 220 千伏变电站全覆盖。

"工程建成后进一步完善了温州电网结构，为当地居民生产生活和旅游业、养殖业的发展提供了有力的能源保障。"他说。

关注民生，就是要聚焦民生短板，采取更有针对性的措施，一件一件抓落实，一年接着一年干。

"十三五"以来，我国加大民生领域投入力度，不断满足人民群众日益增长的美好生活需要。

特别是今年以来，面对复杂的国内外经济形势和疫情带来的冲击，我国扎实做好"六稳"工作，全面落实"六保"任务，一系列兜牢基本民生底线的清单任务直指民生关切：

——城镇新增就业 900 万人以上；

——居民医保人均财政补助标准增加 30 元；

——上调退休人员基本养老金，提高城乡居民基础养老金最低标准；

——将参保不足 1 年的农民工等失业人员都纳入常住地保障；

——对城乡困难家庭应保尽保，将符合条件的城镇失业和返乡人员及时纳入低保……

聚焦群众"急难愁盼"，回应民生热点难点。一项项目标，就是一个个任务，就是党和政府工作的重点。

在边陲省份新疆，"村村有医生"不再是梦想。截至 2019 年底，新疆已实现 898 个乡镇卫生院、8602 个村卫生室标准化建设全覆盖，全面消除 1795 所村医"空白点"，实现了村村有合格村医。

着眼未来，坚持在发展中保障和改善民生

接待国内游客 6.37 亿人次、铁路日均发送旅客 1153 万人次、实现国内旅游收入 4665.6 亿元……

刚刚过去的国庆中秋假期，不仅让人们感受到中国发展的底气，更让人们看到百姓对未来的憧憬和信心。

人民对美好生活的向往就是我们的奋斗目标，人民的信心和支持就是国家奋进的力量。

今年 8 月，"十四五"规划编制工作开展网上意见征求活动。通过互联网就"十四五"规划编制向全社会征求意见和建议，在我国五年规划编制史上是第一次。五年规划编制涉及经济社会发展方方面面，同人民群众生产生活息息相关。

民生无小事，枝叶总关情。

"十三五"时期，我国各项民生事业不断繁荣发展。2019年，九年义务教育巩固率达94.8%，高等教育毛入学率超过50%，劳动年龄人口平均受教育年限为10.7年。人民健康和医疗卫生水平不断提高，居民平均预期寿命2019年达77.3岁。

"保障和改善民生没有终点。"人们期待，以五年规划为起点，新的蓝图将描绘更亮丽的民生底色。

（新华社北京2020年10月23日电　新华社记者樊曦）

走向全面小康

——"十三五"经济社会发展成就巡礼

这是奋进的五年,这是辉煌的五年。

"十三五"时期,面对错综复杂的国际环境和艰巨繁重的国内改革发展稳定任务,以习近平同志为核心的党中央团结带领全国各族人民,顶风破浪、攻坚克难,全面深化改革和扩大开放,着力推动高质量发展,我国经济社会发展取得辉煌成就,全面建成小康社会胜利在望。

国力上台阶

8月份社会消费品零售总额增速转正、1至8月规模以上工业增加值累计增速转正、1至8月货物出口累计增速转正……最新数据显示,8月多项经济指标年内首次转正。

今年以来,面对突如其来的新冠肺炎疫情,我国统筹推进疫情防控和经济社会发展,二季度经济增长由负转正,并持续稳定复苏,中国经济巨轮破浪前行。

回望"十三五",世界经济风云变幻,面对内外矛盾叠加的复杂局面,全国上下坚决贯彻新发展理念和推动高质量发展要求,推动经济实现新跨越、综合国力迈上新台阶。

经济实力大幅跃升——

经济增长稳。2019年，我国国内生产总值达到99.1万亿元，占全球经济比重达16%，对世界经济增长的贡献率达到30%左右。2019年人均GDP首次突破1万美元大关，与高收入国家差距进一步缩小。

就业物价稳。5年间，我国城镇新增就业累计超过6000万人，劳动参与率和就业率在主要经济体中始终处于较高水平。宏观物价总水平也保持稳定，2019年全国居民消费价格比上年上涨2.9%。

国际收支稳。国际收支基本平衡，外汇储备保持在3万亿美元以上。

发展基础不断巩固——

产业发展水平继续提升。粮食产量连续多年保持在1.3万亿斤以上，农业基础地位得到加强；制造业增加值多年位居世界首位，工业持续壮大；2019年服务业增加值占国内生产总值比重达53.9%，比2015年提高3.4个百分点。

基础设施建设成绩斐然。2019年末，高速铁路营业总里程超过3.5万公里，占全球高铁里程2/3以上；高速公路里程超过14万公里，稳居世界第一。5G商用稳步推进，大数据、云计算、人工智能等现代信息技术快速发展，"网络强国"建设迈出坚实步伐。

5年间，中国经济砥砺前行，更为世界经济注入动力。

联合国贸易和发展会议近期发布报告，预计今年全球经济将萎缩4.3%，但中国经济仍将保持正增长。贸发会议官员表示，相信中国能稳步扩大本国经济规模并为世界经济复苏提供机遇。

发展开新局

随着我国疫情防控形势持续向好，旅游市场呈现恢复态势。有市场分析报告预计，今年国庆中秋节假期，住宿消费有望恢复至往年同期水平，甚至出现小幅增长，旅游消费达到最近几个月来的新高点。

以旅游为代表的消费，持续成为中国经济的第一拉动力，展现了"十三五"

中国经济高质量发展的生动图景。

5年间,中国发展含金量更高。2019年,我国社会消费品零售总额突破40万亿元大关,最终消费支出对经济增长的贡献率保持在60%左右。产业结构持续优化,2015年至2019年,战略性新兴产业增加值年均实际增长10.4%;服务业"稳定器"作用进一步增强,新兴服务业高速增长。

5年间,中国发展动力更充沛。2019年,我国位列全球创新指数排名第14位,比上年上升3位;研发经费投入总量居世界第二,全员劳动生产率和科技进步贡献率稳步提高。载人航天、探月工程、超级计算、量子通信等领域取得一大批重大科技成果,创新引领作用增强。

5年间,中国发展协调性更好。2019年末,常住人口城镇化率升至60.6%,比2015年提高4.5个百分点。东中西和东北"四大板块"联动发展,重大区域协调发展战略加快落实,城乡、区域协调发展呈现新格局。

5年间,中国发展持续性更强。2019年,单位GDP能耗比2015年下降13.2%;全国337个地级及以上城市空气质量优良天数比例82%;地表水质量达到或好于Ⅲ类水体比例74.9%,比2015年提高8.9个百分点,生态环境质量总体改善。

前不久,北京、湖南、安徽自由贸易试验区总体方案和浙江自贸试验区扩展区域方案正式出台,自贸试验区扩容至21个,改革开放增添新注脚。

持续深化改革、扩大开放,将为中国经济社会发展注入源源动力。

民生增福祉

易地扶贫搬迁住上新房、扶贫专项贷款投资羊羔生意、担任公益性岗位增收……5年间,青海省贵德县常牧镇切扎村村民万德卡摆脱贫困,一家人的生活逐渐红火起来。

增进民生福祉是我国发展的根本目的。"十三五"时期,我国不断满足人民群众日益增长的美好生活需要,14亿中国人在共同富裕道路上迈出坚实步伐。

脱贫攻坚取得决定性成就。2016年至2019年，超过5000万农村贫困人口脱贫，全国建档立卡贫困户人均纯收入由2015年的3416元增加到2019年的9808元，年均增幅30.2%。当前，全国上下正全力冲刺，确保现行标准下农村贫困人口全部脱贫、贫困县全部摘帽。

居民生活质量明显提升。2019年，全国居民人均可支配收入达30733元，比2015年增长39.9%，中等收入群体规模持续扩大。2019年，全国居民恩格尔系数降至28.2%，比2015年下降2.4个百分点，家电全面普及，每百户家用汽车拥有量达35.3辆。

社会保障体系继续完善。养老、医疗、失业、工伤、生育保险参保人数持续增加，保障性安居工程建设加快推进，2016年至2019年全国棚户区改造开工累计2157万套。

社会事业繁荣发展。2019年，九年义务教育巩固率达94.8%，高等教育毛入学率超过50%，劳动年龄人口平均受教育年限为10.7年。人民健康和医疗卫生水平不断提高，居民平均预期寿命2019年达77.3岁。

人民对美好生活的向往就是我们的奋斗目标。今年8月，"十四五"规划编制工作开展网上意见征求活动，这是我国五年规划编制史上首次通过互联网向全社会征求意见。

人们期待，以五年规划为蓝图，全国上下接续奋斗，推动中国经济社会在新的历史起点上迈向更加光明的未来。

（新华社北京2020年9月27日电　新华社记者陈炜伟）

创新驱动发展的时代答卷

——"十三五"期间我国科技事业取得历史性成就

中国创新的浪潮,5年来是怎样地奔涌向前?

一组数据对比清晰可见:2019年,全球创新指数排名中国位列第14名,全国研发经费支出2.2万亿元,每万人口发明专利拥有量13.3件;而在2015年,这三个数字分别为第29名、1.4万亿元、6.3件。

从探月、"北斗"再上层楼,到高铁、5G日新月异,从量子、干细胞研究深入"无人区",到疫情防控得到有力支撑……创新的脉动,随处可以感知。"十三五"期间我国科技事业的历史性成就、历史性变革,正为建成世界科技强国奠定坚实基础。

跃升:迈进创新型国家行列

9月,瑞士日内瓦。世界知识产权组织在此发布2020年全球创新指数。

第14名!中国继续巩固排名。创新能力指数位列前15名,通常就被认为进入创新型国家行列。在这个榜单的前30名里,中国是唯一的中等收入经济体。

指数排名的跃升,浓缩了5年来创新巨变的澎湃历程。

重大创新成果竞相涌现——

"天眼"望天、"蛟龙"探海、克隆猴问世、大飞机首飞、超级计算机竞逐榜首、核电技术与装备"走出去"……科学前沿取得一批标志性、引领性重大原创成果，战略领域攻克一批关键核心技术，一些高新技术产业正在进入世界前列。

科技整体实力显著增强——

2019年，全国研发经费支出较2015年增长56.3%，占国内生产总值2.23%，超过欧盟平均水平。其中，基础研究占比大幅提高，已突破6%。发明专利授权量居世界首位。国际科技论文数量和国际科技论文被引次数均位居世界第二。各项综合性指标基本完成"十三五"国家科技创新规划任务。

创新能力建设成效突出——

"十三五"期间，我国启动了首批国家实验室建设任务，加快推进重组国家重点实验室体系工作。科研机构、高等院校的科研水平和人才培养能力进一步提升。涌现出一大批具有国际影响力的创新领军企业和科技型中小企业，企业技术创新主体地位不断增强。各类众创空间、新型研发机构大量涌现，创新创业在全社会蔚然成风。

中国科协主席万钢说，我国科技实力正在从量的积累迈向质的飞跃，从点的突破迈向系统能力提升。人类社会正面临广度和深度都前所未有的新一轮科技革命和产业变革，若能抓住这一重要战略机遇，我国有望成为世界科技革命和产业变革的推动者。

支撑：为高质量发展增添新动能

截至9月28日，上市企业179家，募集资金2678亿元——科创板推出一年多来，交出了一份扎实的成绩单。

为科创企业亮"绿灯"，启动经济转型升级的"助推器"，科创板的温度，正在转化为创新驱动发展的速度。

从随处可见的"扫一扫"到层出不穷的"无人""共享"，科技创新正深度沉浸到亿万中国人的日常生活中。2019年，我国科技进步贡献率达到

59.5%，有望在今年实现60%的目标。"中国号"巨轮的发展动力正向创新引擎上切换。

一组组亮眼的数字，一个个坚实的里程碑，勾勒出科技创新不断为高质量发展增能提速的广阔图景：

全国169个高新区生产总值达12万亿元，经济总量占全国的十分之一以上；

北京、上海、粤港澳大湾区国际科技创新中心建设深入推进，多个综合性国家科学中心建设全面启动；

数十万名科技特派员领办创办1.15万家企业，新增18家国家临床医学研究中心，深入推进京津冀等重点区域大气污染联防联控……

"科技要对经济发展、民生改善和国家安全起到核心支撑作用，真正走出一条从人才强、科技强到产业强、经济强、国家强的发展道路。"科技部部长王志刚说。

改革：点燃发展新引擎

点燃科技创新的新引擎，改革是必不可少的点火系。

"把'卡脖子'清单变成科研任务清单进行布局。"9月，中国科学院院长白春礼在国新办发布会上这样描述创新的着力点。

深入推进研究所分类改革，改进完善院士制度，深化科教融合，积极探索科技智库新的体制机制，大力加强作风学风建设……"十三五"期间，中科院加快推进国家科研机构治理体系和治理能力现代化。

5年来，科技体制改革涉深水，向多年束缚创新的藩篱动真格，加快对分散在40多个部门的近百项科技计划优化整合，科技资源配置分散、封闭、重复、低效的痼疾得到明显改善。

《促进科技成果转移转化行动方案》《关于深化科技奖励制度改革的方案》等一系列重磅文件出台，科技体制改革"施工图"不断落地，有利于创新的体制机制更加成熟定型。

培育和引进一大批战略科技人才、科技领军人才、高技能人才、创新型企业家和优秀青年科技人才;通过破除"四唯"倾向,进一步完善科技评价体系……

浩瀚的历史长河中,创新往往是关键的一步。

站在新的历史起点上,我国经济社会发展和民生改善比过去任何时候都更加需要科学技术解决方案,都更加需要增强创新这个第一动力。坚持面向世界科技前沿、面向经济主战场、面向国家重大需求、面向人民生命健康,中国科技使命在肩,将继续书写好这份厚重的时代答卷。

(新华社北京2020年9月29日电　新华社记者董瑞丰)

夺取反腐败斗争压倒性胜利

——"十三五"时期党风廉政建设和反腐败斗争回眸

2020年9月28日,中央纪委国家监委网站通报消息,江西省上饶市副市长祝宏根涉嫌严重违纪违法,主动投案。

根据该网站发布的公开信息,进入9月以来,主动投案的领导干部还有青海省副省长、海西蒙古族藏族自治州委书记、柴达木循环经济试验区党工委书记文国栋,河北省邯郸市委书记高宏志,云南省文山壮族苗族自治州政协原副主席陈晓华,陕西省公安厅二级巡视员雷雨……

越来越多违纪违法腐败分子,在高压震慑之下主动投案自首,成为当前反腐败斗争压倒性胜利巩固发展的鲜活印证。

党的十八大以来,以习近平同志为核心的党中央以强烈的历史使命感、深沉的忧患意识、顽强的意志品质,深入推进党风廉政建设和反腐败斗争,推动全面从严治党取得卓著成效。"十三五"时期,也见证了我国党风廉政建设和反腐败斗争向纵深推进的波澜壮阔历程。

坚持打虎拍蝇无禁区、全覆盖、零容忍,这是反腐败力度空前的一段时期。

根据十八届中央纪委工作报告,从党的十八大至党的十九大5年间,经党中央批准立案审查的省军级以上党员干部及其他中管干部440人。其中,十八届中央委员、候补委员43人,中央纪委委员9人。全国纪检监察机关立案154.5万件,处分153.7万人,其中厅局级干部8900余人,县处级干部6.3万人,涉嫌犯罪被移送司法机关处理5.8万人。全国纪检监察机关共处分村党支部书记、村委会主任 27.8 万人。

党的十九大以来，全面从严治党重整行装再出发，有腐必反、有贪必肃的决心不改、意志不变、力度不减。

2018 年，中央纪委国家监委立案审查调查中管干部 68 人；全国纪检监察机关共对 52.6 万名党员作出党纪处分；党的十九大以来至 2018 年底，共有 5000 余名党员干部主动投案。

2019 年，中央纪委国家监委立案审查调查中管干部 45 人；全国纪检监察机关立案审查调查 61.9 万件，给予党纪政务处分 58.7 万人。在强大震慑和政策感召下，全国有 10357 人主动投案，其中中管干部 5 人、省管干部 119 人。

坚持有逃必追，党中央将反腐败国际追逃追赃工作提升到国家政治和外交层面，纳入反腐败工作总体部署，开辟了反腐败斗争的新战场。

启动"天网"行动，集中公开曝光涉嫌贪腐外逃的"百名红通人员"名单，引渡、遣返、异地追诉、劝返多管齐下，追逃追赃捷报频传。

中央追逃办数据显示，2014 年至 2019 年，全国从 120 多个国家和地区追回外逃人员 7242 人，其中党员和国家工作人员 1923 人、"百名红通人员"60 人，追回赃款 185.76 亿元。

一手刮骨疗毒大力推进反腐惩恶，一手大刀阔斧推进改革创新，"十三五"时期也是我国反腐败体制机制深刻变革重塑的时期。

牵住全面从严治党责任制的"牛鼻子"，压实党委主体责任和纪委监督责任，发挥问责利器作用，推动全党上下一起动手抓党风廉政建设和反腐败斗争；

通过领导体制、工作机制和组织人事等方面的改革，保证各级纪委监督权的相对独立性和权威性，发挥其党内监督专责机关的作用；

高举巡视利剑，激发其作为党内监督战略性制度安排的活力，实现党的历史上首次一届任期内中央巡视全覆盖，推动巡察工作向基层延伸；

擦亮派驻监督的"探头"，实现中央纪委对中央一级党和国家机关派驻监督全覆盖，进一步强化自上而下的组织监督；

2018年3月,我国反腐败工作领域的基础性法规《中华人民共和国监察法》通过施行,中华人民共和国国家监察委员会挂牌成立,反腐败资源力量进一步整合,实现了对所有行使公权力的公职人员的监督全覆盖。

……

随着党的纪律检查和国家监察体制改革的深入推进,我国反腐败工作的法治化、规范化水平不断提高,一体推进不敢腐、不能腐、不想腐的综合效应不断凸显,为反腐败斗争取得压倒性胜利提供了坚强保障。

(新华社北京2020年10月8日电　新华社记者朱基钗)

一份文化成绩单透出百姓生活新变化
——"十三五"期间我国文化建设成就综述

没有社会主义文化繁荣发展,就没有社会主义现代化。2020年,是全面建成小康社会和"十三五"规划收官之年。让我们透过这样一份亮眼成绩单,检视全面小康的文化成色,感受百姓不断增强的获得感、幸福感、安全感。

引领新风尚

在甘肃金昌,"好婆媳、好邻里点赞""分餐夹"等文明实践推动完善村规民约、倡导文明风尚;在浙江海宁许村镇李家村,乡村土广播"李家播报"成了村民不可错过的活动,村民赞扬"有了播报,再也不怕错过政策福利"……

让党的创新理论"飞入寻常百姓家",新时代文明实践凝聚群众、引导群众,以文化人、成风化俗。

2018年7月6日,中央深改委第三次会议审议通过《关于建设新时代文明实践中心试点工作的指导意见》。两年多来,试点单位从50家扩大到500家,新时代文明实践中心成为人们学习理论政策的学校、丰富文化生活的舞台、倡导移风易俗的平台。

打通服务群众"最后一公里",文化和旅游公共服务体系建设"十三五"期间取得重要进展。尤其是变政府"端菜"为百姓"点单",将可口可心的文化大餐送上门,大大提升了服务效能。

5年来，公共文化设施网络日益完善，公共图书馆、文化馆（站）、公共博物馆、公共美术馆等公共文化设施继续免费开放，县级文化馆、图书馆总分馆制建设扎实推进。截至2020年6月，共建成基层综合性文化服务中心56万个，覆盖率超过95%。

去冬今春来袭的新冠肺炎疫情，对全国公共文化机构功能是一场考验。

上海图书馆推出疫情防控新动态、免费电子书单、微讲座等系列资源合集；国家博物馆在线营造"云看展""云直播"等云游览模式；成都市文化馆利用慕课功能开展线上培训，手机摄影、中国山水画、藏族舞等精品课程的学习名额很快被一抢而空……闭馆不闭网、资源汇"云端"，宅家"云观展""云学习"成为文化生活新方式。

满足新期待

2020年中秋、国庆假期即将到来，文化和旅游部推出湖南常德世外桃源怡然度假游等300条全国乡村旅游精品线路，努力挖掘乡村优秀传统文化和农业资源，开发适应现代生活的文创产品和旅游商品。

进入新时代，人民群众精神文化需求从"有没有、缺不缺"到"好不好、精不精"，文化和旅游供给从数量追求转向品质提升。

2018年4月8日，新组建的文化和旅游部正式挂牌。"诗和远方终于在一起了！"这一改革实招戳中人们内心深处对美好生活的新期待。

数据显示，2019年全年国内旅游人数达60.06亿人次，比上年增长8.4%。我国已有5A级旅游景区280家、国家级旅游度假区30家、全国乡村旅游重点村1000个、全国红色旅游经典景区名录300处。文旅融合熔铸出越来越多具有历史文化底蕴的风景。

着眼于满足人民精神文化新期待，"十三五"期间，丰富多彩的文艺实践以社会主义核心价值观为引领，以精品奉献人民、用明德引领风尚。

围绕全面建成小康社会、脱贫攻坚、乡村振兴、科技强国、抗击疫情等主题，全国国有文艺院团创排了4000余部优秀现实题材作品，其中新创作品占一半以上，弘扬主旋律，壮大正能量。在庆祝改革开放40周年、新中国成立70周年等重要时间节点，推出《我们的四十年》《奋斗吧 中华儿女》等晚会，激发全国人民爱党爱国热情、鼓舞振奋民族精神。大银幕上，《我和我的祖国》《我不是药神》《流浪地球》等口碑和票房双丰收的佳作，生动讲述国家的蓬勃发展、家庭的酸甜苦辣、百姓的欢乐忧伤，可谓中国电影呼应新时代的积极实践。

激发新活力

从"紫禁城里过大年"到赏灯"上元之夜"，再到"丹宸永固——紫禁城建成六百年"大展，故宫这座600岁的皇家宫殿，正以新创意创造着新价值。

坚持创造性转化、创新性发展，让收藏在禁宫里的文物、陈列在广阔大地上的遗产、书写在古籍里的文字"活"起来，为新时代提供新滋养新能量。

2019年7月6日，实证中华5000多年文明史的良渚古城遗址列入世界遗产名录。自此，中国已有55项世界遗产，40个项目列入联合国教科文组织非遗名录（名册），居世界前列。

2020年7月6日，良渚古城遗址迎来首个"杭州良渚日"。公园5G全覆盖，"云展览"精彩纷呈，文创产品层出不穷，古老遗产融入现代生活，讲述中华文明的动人故事。

与此同时，传承千年的文化遗产也为脱贫致富打开新思路。

四川凉山着力将彝绣、银饰、漆器等众多传统工艺转化为脱贫生产力，促进非遗活态保护，也带动贫困群众就近就业、居家就业。在湖南湘西州，"非遗+扶贫"让很多拥有刺绣技艺的外出打工妈妈实现了"守着娃，绣着花，养活自己又养家"。打开淘宝、京东等电商平台，输入"新疆非遗"，从首饰、乐器到服饰、美食，活色生香的产品让人目不暇接，今年文化和自然遗产日期间线上销售更是火热。

最新数据显示,"十三五"以来,有关部门支持各地设立各级非遗扶贫就业工坊超过2000家,带动数十万人就业增收。

奔小康的路上,文化自信留住了"老手艺",编织着"新乡愁"。

(新华社北京2020年9月28日电 新华社记者周玮)

向创新、智能、开放迈进
——"十三五"制造业发展扫描

五年,弹指一挥,却足以改变产业面貌、制造格局。"十三五"期间,科技发展日新月异,信息技术加速与工业深度融合。从高端装备到精密仪器,重大工程到基础材料,中国制造体系不断完善、质量加快提升、结构优化升级。

从制造到创造,由传统向智能,中国制造不断向创新、智慧、开放迈进。

"中国创造"加速涌现

系上安全带、点击屏幕"开始"键,车辆缓缓起步,自动避让行人或障碍物……不久前,百度在北京推出自动驾驶体验服务。经历了研发、试验、道路测试等漫长历程,无人驾驶汽车随着信息技术的升级"渐行渐近"。

汽车的迭代更新是创新创造的一个缩影。"十三五"期间,众多关键技术、基础材料、重大工程取得突破,"中国创造"加速涌现。

自主研发的天玑骨科手术机器人可辅助医生进行精准诊疗,并通过5G网络实现远程手术;A4纸四分之一厚、"论克卖"的"手撕钢"打破国外垄断,广泛应用于精密仪器等高端制造领域;"墨子号"量子科学实验卫星、C919大飞机……从技术攻克到应用探索,每一项突破都是大国制造自主创新的有力见证。

核心技术、关键材料、基础工艺是工业发展的底气。2016年至今,我国已论证通过和启动建设国家制造业创新中心十余个。2019年,我国位列全球创新指数排名第 14 位，比上年上升 3 位。由传统依赖人工到逐步实现自动化、数字化、智能化，中国制造创新能力不断增强，工业体系和产业结构不断优化，步伐更稳健。

"制造业创新从跟跑为主，进入跟跑在加快、并跑在增多、领跑在涌现的新阶段。"清华大学公共管理学院院长江小涓认为，尽管和发达国家相比，我国创新能力仍需进一步提高，但依靠科技驱动，中国制造正走上从制造到创造的内涵式发展道路。

发展质效不断提升

屏幕上订单、物料等信息实时更新；云平台对生产状况、质量等可视化监控；从物料运输到贴片焊接、包装交付等均实现"无人看管"……合肥联宝科技的厂房内，平均不到 1 秒即可下线 1 台笔记本电脑，智能化的操作颠覆了人们对传统制造的认知。

联宝科技 CEO 柏鹏说，下一步还要将智能管理延伸到整个产业链，实现供需精准对接和质量实时监控。

一个工厂的升级，折射了一国制造的变迁。加速向数字化、智能化迈进，五年来，信息技术与制造业深度融合，改变了生产方式、提高了生产效率、催生了新的空间，中国制造发展质量不断提高。

工信部数据显示，截至今年 6 月，企业数字化研发设计工具普及率和关键工序数控化率分别达到 71.5% 和 51.1%。全国有影响力的工业互联网平台已超过 70 个，连接的工业设备达到 4000 多万台（套）。

依靠电力大数据，国网杭州供电公司分区域、分产业、分企业摸排，锁定"断点"助力产业链复工；京东数科发布大宗商品产业数字化解决方案，提升效率和安全……努力化解疫情影响，今年以来，智能化升级的步伐提速，共享材料、共享订单、共享产能等有关协同制造、智能生产的实践不断推出。

"在信息基础设施建设上，我们要适度超前，让'路'等'车'，而不是'车'

等'路'。"工信部副部长辛国斌说，特别是在5G带动和需求引领下，我国产业数字化的引擎地位进一步巩固，工业和信息化加速融合，制造业智能化水平持续提升。

制造格局调整优化

在完成内存芯片自主制造后，位于安徽合肥的长鑫存储不久前实现产能突破。围绕"芯屏器合"的产业战略，合肥也成长为集成电路产业重点发展地区，拥有集成电路企业超过250家，年产值连续保持两位数增长。

"我们要通过全产业链布局产生良性的内生循环作用，促进新兴产业成长壮大，把握住长三角一体化带来的机遇。"合肥新站高新区经贸发展局副局长王亚伟说。

中国制造在变，制造版图也在变。五年来，不少地方在立足自身禀赋的同时打破传统，布局新兴产业，打造创新生态，并将自身融入区域协调发展。合肥的变化恰是我国制造业格局不断升级的写照。

前不久，北京、湖南、安徽自由贸易试验区总体方案和浙江自贸试验区扩展区域方案正式出台，自贸试验区扩容至21个，为制造业开放发展增添新注脚。

制造版图调整的同时，产业格局也在优化。基于数字技术搭建智慧平台，国网浙江嘉兴供电公司探索建立电网"智能无人仓库"，打造智慧物资供应链生态圈；浪潮、联想等大型企业牵头打造产业链平台，协同创新、共享开放的合作模式逐步走俏……从产业集群到生态体系，从上下游合作到大中小企业融通发展，努力提高产业链的包容性，更先进、更开放的制造模式正在形成。

5年风雨兼程，中国制造不断创新开拓，向世人展现着新姿态新面貌。新起点上，机遇与挑战并行，坚持新发展理念，坚定创新升级，中国制造必将不断突破发展瓶颈，在实现高质量发展的路上行稳致远。

（新华社北京2020年10月3日电　新华社记者张辛欣）

告别绝对贫困　创造伟大奇迹
——"十三五"时期脱贫攻坚历程回眸

这是人类减贫奇迹——"十三五"时期超 5000 万农村贫困人口告别绝对贫困。

脱贫攻坚战能否打赢打好，贫困人口能否如期脱贫，直接关系到全面建成小康社会的质量和成色。我国紧紧扭住全面建成小康社会的突出短板，吹响决战决胜脱贫攻坚的号角，努力克服疫情等困难，确保 2020 年农村人口全部脱贫，兑现我们党向人民、向历史作出的庄严承诺。

超 5000 万人告别绝对贫困

四川大凉山，夏末秋至，处处可见苦荞丰收的景象。

8 月初，已搬到昭觉县易地扶贫搬迁安置点沐恩邸社区的沙马作叶的新居周边，已建起服装厂、口罩厂、塑钢厂，城外还有四川攀西地区最大的农业产业园，去往广东的劳务输送专车，载着年轻人奔向远方。

北京，9 月初，"联合国 2030 年可持续发展目标与中国减贫经验"线上研讨会上，中国向世界分享"中国方案"，成为各方关注的焦点。

今年，中国将在现行标准下消除绝对贫困，提前实现联合国 2030 年可持续发展议程减贫目标。世界上没有哪一个国家能在这么短的时间内创造这一减贫奇迹。

贫困人口数量大幅减少——

2016年至2019年，超过5000万农村贫困人口摆脱绝对贫困。贫困发生率从2016年的4.5%下降至2019年的0.6%，区域性整体贫困基本得到解决。

贫困人口收入大幅增加——

全国贫困人口建档立卡数据显示，全国建档立卡贫困人口人均纯收入由2016年的4124元增加到2019年的9057元，年均增幅30%。贫困群众"两不愁"质量水平明显提升，"三保障"突出问题总体解决。

收入结构进一步优化，自主脱贫能力稳步提高——

贫困人口主要通过务工和生产劳动实现脱贫，劳动收入占比逐年提升，非劳动收入占比逐年下降，增收可持续性稳步提高。

"十三五"时期，我国以前所未有的力度和规模推进脱贫攻坚，每年就打赢脱贫攻坚战召开座谈会，针对不同阶段面临的不同问题，部署脱贫攻坚目标任务，力度之大、规模之广、成效之显著、影响之深远，前所未有、世所罕见，创造了人类减贫史上的奇迹。

补上短板发展明显加快

坐落在金沙江大峡谷深处的四川省布拖县阿布洛哈村，三面环山，一面临崖，曾是我国最后一个不通公路的建制村。

2019年，阿布洛哈通村公路开始建设。展开地图，这条3.8公里的公路见证了人类翻越贫困大山的决心：动用了全球现役运力最大的米-26重型直升机吊运机械设备，平均每公里造价超千万元。

截至2019年年底，贫困地区实现了具备条件的建制村100%通硬化道路。在西部边远山区实施了309个"溜索改桥"项目，帮助当地群众告别"溜索时代"。

截至"十三五"末，贫困地区群众出行难、用电难、上学难、看病难、通信难等长期没有解决的老大难问题普遍解决，义务教育、基本医疗、住房安全有了保障，贫困地区经济社会发展明显加快。

交通——具备条件的建制村全部通硬化路,打通了大动脉,畅通了微循环;

医疗——远程医疗覆盖全部贫困县并向乡镇卫生院延伸,村村都有卫生室和村医,实现了乡村两级机构人员"空白点"双消除;

住房——易地扶贫搬迁近1000万贫困群众,不仅解决了贫困群众的"两不愁三保障"问题,还通过挪穷窝、换穷业、拔穷根,从根本上阻断了贫困的代际传递。

补上了发展的短板,贫困地区产业不断壮大,电商扶贫、光伏扶贫、旅游扶贫等新业态方兴未艾,带贫益贫机制不断健全,经济活力和发展后劲明显增强。

动员各界力量形成大扶贫格局

今年27岁的王刚,是贵州省毕节市织金县建档立卡贫困户。受疫情影响,他一直没有稳定就业,最近准备参加培训成为一名外卖骑手。此次培训和骑手招募是美团"新起点在县"扶贫计划的重要组成部分,该计划今年6月起面向全国贫困县提供20万个就业岗位。

依托云计算、人工智能、区块链等数字技术的平台经济正为脱贫攻坚注入新动能。县长直播间"带货"、农民变"网红"、电商平台打通数字供应链……贫困地区农产品销量不断攀升,扶贫产业复工复产火热,贫困户干劲十足,通过线上线下相结合,汇聚起社会各界参与脱贫攻坚的强大合力。

"十三五"时期,我国专项扶贫、行业扶贫、社会扶贫互为补充的大扶贫格局逐步形成并日趋完善。

国家级电商平台上线运营,解决了贫困地区农产品"卖难"问题。在财政部、国务院扶贫办和中华全国供销合作总社三方指导下建立的"扶贫832"销售平台,已覆盖832个贫困县,注册采购预算单位近40万家。截至目前,交易额突破31亿元,上线农产品超过6.8万个,为贫困地区群众稳定增收注入不竭动力。

我国规范认定扶贫产品，推动扶贫产业融入全国大市场，引导贫困群众通过劳动稳定增收。截至8月底，全国共认定94696个扶贫产品。9月份，全国首个以"万企参与，亿人同行"为主题的消费扶贫月启动。

不获全胜，决不收兵。今年中央对52个未摘帽贫困县和1113个贫困村实施挂牌督战。较真碰硬"督"，凝心聚力"战"，各地向最后的深贫堡垒发起决战决胜的总攻，啃下最后的硬骨头。

如期打赢脱贫攻坚战，中华民族千百年来存在的绝对贫困问题，将在我们这一代人手里历史性地得到解决。

（新华社北京2020年10月5日电　新华社记者侯雪静）

与时代同步与改革同频
——"十三五"时期我国立法取得快速发展

"通过！"2020年5月28日，十三届全国人大三次会议表决通过了《中华人民共和国民法典》，宣告中国"民法典时代"正式到来。

这部具有中国特色、体现时代特点、反映人民意愿的民法典，在新时代中国特色社会主义事业奋斗征程上树起又一座法治丰碑，为完善中国特色社会主义法律体系再添浓墨重彩。

"十三五"时期，我国立法与时代同步、与改革同频、与实践同发展，一批重要法律和有关法律问题的决定相继出台，科学立法、民主立法、依法立法深入推进，立法工作迈出新步伐，取得新成就。

国家立法：从"有法可依"走向"良法善治"的步伐更加铿锵有力

法律是治国之重器，良法是善治之前提。新时代的国家立法，从"有法可依"走向"良法善治"。

——回应时代命题，引领推动国家发展。

适时修改宪法，健全保证宪法实施的法律制度，为新时代坚持和发展中国特色社会主义提供有力宪法保障；先后制定国家安全法、网络安全法等，国家安全立法取得重要进展；编纂民法典，依法维护人民权益，推进国家治理体系和治理能力现代化；制定慈善法，让慈善事业步入良性发展的法治轨道……

——突出保障人民权益，增进民生福祉。

制定电子商务法，让网购大军维权更有底气；出台疫苗管理法、修订药品管理法，用最严格制度维护广大人民身体健康；修改环境保护法、大气污染防治法，努力构建最严格的生态环境保护法律制度；修改未成年人保护法、预防未成年人犯罪法，织密法网更好保护"少年的你"……

——紧扣厉行法治，推进全面依法治国。

制定监察法，创新和完善国家监察制度，依法开展反腐败工作；修改个人所得税法，推动个人所得税从分类税制向综合与分类相结合的税制转变；废止收容教育，更好适应新时代社会治理的要求；作出多项授权决定和改革决定，确保有关改革试点在法治框架内依法有序推进……

全国人大及其常委会坚决贯彻落实党中央的重大决策部署，紧紧围绕统筹推进"五位一体"总体布局和协调推进"四个全面"战略布局，不断进行立法创新实践，立法工作呈现数量多、分量重、节奏快的新特点。

截至2020年8月，我国现行有效法律279件、行政法规600余件、地方性法规1万余件，以宪法为核心的中国特色社会主义法律体系形成并不断完善，为改革开放和社会主义现代化建设提供了坚实法制保障。

地方立法：成为推进地方经济社会发展和民主法治建设的重要方式

今年9月，上海市人大常委会通过了关于促进和保障长三角生态绿色一体化发展示范区建设若干问题的决定。此决定授权示范区执委会行使省级项目管理权限，按照上海、江苏、浙江的有关规定统一管理跨区域项目。

此前，浙江、江苏两省人大常委会也先后通过了示范区建设相关决定。这是两省一市人大常委会首次就示范区建设同步作出法律性问题决定，为长三角生态绿色一体化发展示范区建设提供有力法治保障。

"十三五"时期，地方立法围绕党和国家中心工作，向国家立法看齐，为不断发展完善中国特色社会主义法律体系作出重要贡献，为推进国家治理体系和治理能力现代化发挥重要作用。

1万多件现行有效地方性法规，内容涉及经济、政治、文化、社会、生态环境等各个方面。

在地方事权范围内，各地发挥"试验田"作用，为国家层面立法积累成熟经验，有针对性地开展"小切口"立法，制定某一法律或行政法规的实施细则和办法，解决好法治通达基层的"最后一公里"问题，推动党中央决策部署贯彻落实和地方经济社会发展。

伴随地方立法权逐步扩大、立法体制不断完善，地方立法正成为推进地方经济社会发展和民主法治建设的重要方式。

开门立法：不断扩大公众对立法活动的有序参与凝聚社会共识

2020年1月，一场关于民法典草案的意见征询会在上海市长宁区虹桥街道召开，来自各行各业的居民各抒己见，与立法机关面对面交流。

"大家针对涉及老百姓切身利益的问题提出了许多意见建议，也切实感受到国家法治的不断进步。"基层立法联系点信息员卞小林说。

全国人大常委会10次审议，10次向社会公开征求意见，3次组织全国人大代表研读讨论，针对意见反映集中、争议较大的问题专门召开座谈会……一场广泛而热烈的"民法典大讨论"，成为法治中国的靓丽风景。

党的十八大以来，开门立法取得新进展。有关方面先后出台立法项目征集论证、立法重大利益调整论证咨询、重要立法事项引入第三方评估等工作规范；建立并实施基层立法联系点、立法专家顾问、法律案通过前评估等制度，明确常委会初次审议和继续审议的法律草案都及时向社会公布征求意见。

在设立四个基层立法联系点基础上，今年全国人大常委会法工委新增六个立法联系点，并及时修改完善了基层立法联系点工作规则，推动其规范化制度化。

一系列举措将有利于充分听取基层群众对立法工作的意见建议，有利于凝聚社会共识，对于推动实现全过程民主具有重要意义。

回眸"十三五"，立法决策与改革决策更加紧密衔接，立法体制机制不断完善，立法能力稳步提升。

展望未来，在以习近平同志为核心的党中央坚强领导下，我国立法工作必将始终保持正确的政治方向、反映鲜明的时代特征、体现坚实的民意基础，不断发挥对改革开放的引领、推动、规范、保障作用，在推进国家治理体系和治理能力现代化过程中发挥越来越显著的作用。

（新华社北京 2020 年 10 月 10 日电　新华社记者陈菲）

公正司法，不断让公平正义成为你我切身感受

公正，法治的生命线。"十三五"时期，政法机关以严格公正司法捍卫社会公平正义，推动各项改革不断向纵深推进。公正高效权威的中国特色社会主义司法制度不断完善，为亿万百姓带来更多获得感幸福感安全感，不断让公平正义成为你我切身感受。

破除阻碍司法公正的顽瘴痼疾

排出几十米长的队伍、焦急的当事人……一张照片记录下2014年冬天北京市一处基层法院立案庭门外的情形。"门难进""案难立"，曾让许多人对"打官司"望而却步。

时间来到今年8月，第一次打官司的李先生来到青海省西宁市城中区法院。在法院值班法官的指导下，他当场通过手机APP成功立案。

从让老百姓满意的事情做起,从老百姓不满意的问题改起。回眸"十三五"，司法改革"四梁八柱"主体框架基本确立，阻碍社会公平正义的藩篱得以有效破除，让公正的阳光不断照进人民群众工作生活方方面面。

立案登记制改革立竿见影——各级法院敞开大门有案必立、有诉必理，当场登记立案率超过95%，"立案难"一步步成为历史。

以审判为中心的刑事诉讼制度改革全面推开——坚持罪刑法定、疑罪从无、证据裁判，努力让每一起案件的判决都能经得起历史考验，坚决守牢防

范冤错案件的防线。

员额制改革迎难而上——全国法官、检察官经历"重新洗牌",12万多名法官、9万多名检察官遴选入额。人员向办案一线集中,办案质效得到有效提升。

……

"刀刃"向内,攻坚克难。司法改革,被称为司法领域一场触及灵魂的革命,给人民群众带来实实在在的"红利"。

人民法院攻坚破解"执行难",让胜诉当事人合法权益得到更加切实兑现;最高人民检察院深化机构"重塑性"变革,打造刑事、民事、行政、公益诉讼等职能并行的法律监督总体布局;公安机关用执法规范化建设提升执法公信力,以"放管服"改革为千家万户带来更多便利……

新时代,唯改革者进。在追求公平正义、保护人民权益的道路上,政法机关远未止步。

护航经济社会健康发展

老人骑车撞伤儿童,欲离开遭阻拦后猝死,劝阻者该担责吗?2019年岁末,法院就"撞伤儿童离开遇阻猝死案"宣判,判决阻拦者不担责,鼓励见义勇为,得到网友广泛点赞。

明辨是非,秉公司法,方能惩恶扬善。"十三五"期间,政法机关更加注重将抽象的法律公正地适用到每一起案件中,实现个案公正与类案公正、法律公正与社会公正的统一,不断增强人民群众对公正的信心、对法治的信仰。

从惩戒"老赖"助推诚信社会建设,到整治"霸座""抢夺公交车方向盘"树立规矩意识;从办理维护英雄烈士荣誉、名誉案件,到依法惩治"精日"、宣扬美化侵略战争行为……一个个生动案例有效树立社会风尚,凝聚中华民族"精气神"。

2018年,"昆山龙哥案"引发社会广泛关注。公安、检察机关认定当事人行为属于正当防卫、不负刑事责任。

今年9月,最高法、最高检、公安部联合出台关于依法适用正当防卫制度的指导意见,旗帜鲜明鼓励正当防卫,捍卫"法不能向不法让步"的法治精神。

"该出手时就出手",是中华民族传统文化中广受尊崇的优良品德。用法律为正当防卫撑腰,成为近年来法治与德治相得益彰,公正司法维护公序良俗的生动写照。

风清气正,才好干事创业。

"十三五"期间,政法机关加大产权保护力度,向社会持续释放依法平等全面保护产权和企业家权益的积极信号,为民营企业发展营造良好法治环境,让有恒产者有恒心。

人民法院2017年以来通过审判监督程序纠正涉产权刑事冤错案件190件237人;检察机关持续落实服务民营经济11项检察政策,切实做到慎捕、慎诉;司法行政部门坚决摒除随意检查、多重检查、重复处罚等执法歧视行为……

法治是最好的营商环境。世界银行发布的《全球营商环境报告2020》显示,我国营商环境全球排名升至第31位,跻身全球前40。其中评价民商事司法制度与法院工作质效的"执行合同"指标,我国排名第5。

满足人民群众对公平正义的更高需求

诉讼流程能否更加简洁?纠纷解决是否顺利?法律服务方不方便?互联网、大数据时代,人民群众对公平正义有了更高需求,亟须政法机关交出答卷。

从人民法院力推"一站式"多元解纷和诉讼服务体系建设,到公安机关政务服务事项"全国通办""一门通办""一网通办",再到司法行政部门建构一体化公共法律服务平台……"十三五"期间,政法机关不断提升案件办理、权利救济、服务供给等各项能力水平,用更加人性化、精细化的工作和服务,努力让人民群众有更多更直接的获得感。

在湖南长沙,基层法院在纠纷多发区域设立诉源治理工作站,努力让矛盾在"站"前止步,在家门口为民解忧。

在安徽定远,检察机关打造未成年人案件取证、疏导、解纷、救助"一站式"办理,不仅有效避免对未成年被害人的二次伤害,还帮助他们修复心理创伤。

在北京社区,交通民警从"局外人"变成"家里人",推动解决乱停车、秩序差等群众身边烦心事。

新冠肺炎疫情来袭,如何确保"公平正义不打烊"?

互联网法院、"云办案"、"指尖诉讼"……政法机关将案件办理的主战场从线下搬到线上,仅今年上半年全国法院网上立案就超过300万件,网上开庭近50万场,网上调解近140万件。

将技术与法治融合,政法机关近年来力推数字化智能化应用,锐意创新的"红利"正在不断释放——

全国98%的法院已初步建成立体化、集约化、信息化诉讼服务中心;检察机关一体建设12309中国检察网、检察服务热线和检察服务中心;公安交管互联网服务平台和12123APP用户达3.4亿,提供网上办牌办证服务13.1亿次……

民之所盼,丝发必兴。政法机关顺应时代要求、回应人民期盼、加快改革步伐,必将推动司法权运行机制更加完善,让人民群众在每一个司法案件中感受到公平正义,创造法治中国建设新的辉煌。

(新华社北京2020年10月12日电 新华社记者罗沙)

夯实国家粮食安全根基

——"十三五"时期粮食"两藏"战略有力推进

粮稳天下安。

"十三五"时期,我国深入实施"藏粮于地、藏粮于技"战略,加强基础建设,推进科技创新,粮食生产实现"十六连丰",供给能力稳步提升,国家粮食安全根基进一步夯实,为中国经济社会发展发挥了"压舱石"作用。

"藏粮于地"夯实粮食生产根基

金秋时节,稻黍飘香。今年夏粮、早稻已丰收到手,据农业农村部最新消息,目前秋粮丰收已成定局,全年粮食产量有望高位增产,总产量连续6年稳定在13000亿斤水平。

"十三五"时期,我国粮食生产交出沉甸甸的成绩单。2019年全国粮食总产达13277亿斤,创历史新高。人均粮食占有量超过470公斤,高于世界平均水平,也高于国际公认的400公斤安全线。

土地是粮食生产的基础。我国实行最严格的耕地保护制度,严守18亿亩耕地红线,全面落实永久基本农田特殊保护制度。同时,通过科学划定粮食生产功能区和大豆等重要农产品生产保护区,实施全国高标准农田建设总体规划,改造中低产田,"藏粮于地"举措加快推进。

随着国家经济发展,财政支农总体规模不断扩大,为粮食生产提供了有力物质保障。我国推进农业综合开发,大力开展基本农田建设和农田水利建设,推进大中型灌区续建配套和节水改造,加快末级渠系建设,稳步提升粮食生产能力。

农业农村部数据显示,2019年,农田有效灌溉面积达10.3亿亩,农田灌溉水有效利用系数达到0.559,半数农田实现了"旱能灌、涝能排"。

"藏粮于技"为现代农业插上科技翅膀

科学技术是第一生产力。"十三五"时期,我国将农业科技进步作为增加粮食等重要农产品有效供给、提高农产品质量的根本途径,科技在保障国家粮食安全中的作用日益加强。

一粒种子可以改变一个世界。广大农业科技工作者开展联合攻关和试验示范,推进农业技术进村入户,提高科技成果转化应用率。建立起超级稻、矮败小麦、杂交玉米等高效育种技术体系,基本实现主要粮食作物良种全覆盖。

绿色、高效是粮食生产技术发展的方向。我国大面积推广科学施肥、节水灌溉、绿色防控等节本高效技术。目前,农业科技进步贡献率达到59.2%,水稻、小麦、玉米三大粮食作物的农药、化肥利用率分别是39.8%和39.2%。

从传统的"镐锄镰犁"到智能化的"金戈铁马",粮食生产机械化智能化水平不断提高。我国加大对农机制造业的产品研发和技术改造投入,形成了具有一定规模的产业链,对农民购置农机具给予补助,有力推动了农业机械化进程。

为了激发创新热情,"十三五"时期,国家从政策扶持、资金投入等方面加大支持力度,引导农业科技工作者将论文写在大地上,加强农业技术推广体系和农业社会化服务体系建设,希望的田野处处涌动金色的希望。

继续把饭碗牢牢端在自己手上

手中有粮，心里不慌。站在粮食稳定发展的新台阶上展望未来，继续推动和强化"两藏"战略仍是保障国家粮食安全的根本之策。

今年以来，新冠肺炎疫情引起的全球粮食市场波动对粮食安全敲响了警钟。对此专家指出，确保国家粮食安全，必须提升粮食生产能力和抗灾能力，牢牢守住耕地红线，推动落实"藏粮于地、藏粮于技"，把中国人的饭碗牢牢端在自己手上。

农业农村部有关负责人表示，当前和今后一个时期，要确保粮食播种面积稳定在17亿亩以上，其中，水稻和小麦两大口粮面积稳定在8亿亩以上。大力发展优质强筋弱筋小麦、优质食味稻、加工专用稻。巩固提升生产功能区、优势区玉米产能，继续实施大豆振兴计划，鼓励各地因地制宜发展薯类、杂粮等作物。

同时，优先在"两区"和符合条件的国家种子基地开展高标准农田建设，优先支持贫困地区建设高标准农田。选择已完成"两区"划定工作的典型县为试点，利用遥感等现代空间信息技术开展作物种植结构、空间布局、作物长势等监测。

今后，我国每年将选择一批生产基础好的县，整建制开展粮食等主要作物绿色高质高效行动。推广"全环节"绿色高效技术，构建"全过程"社会化服务体系，打造"全链条"产业融合模式，辐射带动大面积增产增效，推动粮食生产高质量发展。

（新华社北京2020年10月1日电　新华社记者于文静）

金融"活水"助力实体经济高质量发展

金融是实体经济的血脉,为实体经济服务是金融的天职。"十三五"时期,我国金融业保持稳健发展,抵御风险能力增强;金融改革有序推进,金融对实体经济的支持力度加大,资金结构流向更趋合理,成为提升我国经济竞争力的有力支撑。

金融服务实体经济质效提升

湖北星晖新能源智能汽车有限公司负责人许先中没想到,在一场支持企业复工复产信贷投放座谈会上,企业现场获得了农行5000万元贷款授信。

该公司在黄冈建有总投资202亿元的新能源智能汽车产业园,规划年产30万台新能源智能汽车。"农行的支持给我们注入一针'强心剂',充足的现金流有助于公司降低疫情影响,加快推进5G智能新能源汽车项目。"许先中说。

近年来,在政策引导下,金融机构加大对先进制造业和战略性新兴产业中长期资金支持力度,精准支持国家重大区域发展战略和"两新一重"项目建设。

银保监会数据显示,今年前8个月,银行业各项贷款增加15.2万亿元,同比多增3万亿元,信贷资金重点投向制造业、基础设施、科技创新等领域。其中,制造业贷款增加1.8万亿元,增量较过去4年总和还多1092亿元。

保险业充分发挥其固有的风险管理、资金配置等优势，为实体经济保驾护航。

截至 2019 年年末，保险业支持长江经济带、京津冀协同发展的资金规模分别超过 6000 亿元和 2500 亿元。截至今年 8 月底，保险资产管理机构累计发起设立各类债权、股权投资计划 1530 只，合计备案（注册）规模 33842.36 亿元，保险资金源源不断流入实体经济。

银保监会有关负责人表示，"十三五"时期，银行保险机构持续加大对经济社会发展重点领域和薄弱环节的支持力度，金融服务实体经济的质效进一步提升。

金融创新缓解企业融资难题

"人才也能成为贷款依据，仅 2 个工作日我们就收到了 1000 万元的'人才贷'。"济南磐升生物技术有限公司负责人说，公司抵押物少，无法满足传统贷款产品要求，银行了解到我们的需求后，第一时间为我们制定了专属融资方案。

济南农商银行推出的"人才贷"，是专门针对研发型、高科技企业设计的无抵押、无担保的纯信用贷款，解决了缺少有效抵押物的企业扩大经营的资金难题。

金融创新让许多企业获得实实在在的收益。今年以来，金融部门引导银行机构根据企业实际生产和融资需要，创新贷款模式，不断加大对民营和小微企业信贷投放力度。

中国人民银行数据显示，截至今年 8 月末，我国小微企业贷款余额 30.8 万亿元，是 2017 年末的 1.26 倍；支持小微经营主体 3062 万户，是 2018 年末的 1.43 倍。

清华大学国家金融研究院院长朱民表示，当前服务业已经成为中国经济增长的重要驱动力，小微企业发展活力足，对金融的需求日益增加。要推动间接融资和直接融资平衡发展,完善多层次资本市场。

银保监会数据显示,前8个月,银行保险机构新增债券投资约7万亿元,有力保障国债、地方政府专项债券发行以及企业债券融资。

坚守服务创新型、创业型、成长型中小企业定位的新三板,改革创新稳步推进,直接融资功能不断提升。全国股转公司数据显示,今年上半年,新三板市场融资106.29亿元,环比上升17.43%。截至7月20日,新三板合格投资者数量已超过151万户。

金融抵御风险能力增强

日前,中国人民银行、银保监会发布《关于建立逆周期资本缓冲机制的通知》,旨在有效防范金融风险,维护我国金融体系稳定运行。

这是近年来我国遵循金融发展规律,完善金融调控、防控金融风险的一个缩影。"十三五"即将收官,金融领域重大风险得到有效防控:宏观杠杆率过快上升势头得到遏制,影子银行无序发展得到有效治理,高风险金融机构处置取得阶段性成果。

金融支持实体经济,必须以自身的稳健运行为前提。当前,我国金融业运行平稳有序,风险整体可控,主要指标处于合理区间。

银保监会数据显示,前8个月,银行业加大拨备计提力度,新提取拨备1.4万亿元,同比多提取2615亿元,目前拨备余额达6.5万亿元,拨备覆盖率176.5%,具备较强的信用风险抵御能力。

截至二季度末,保险公司平均综合偿付能力充足率为242.6%,平均核心偿付能力充足率为230.4%,均保持在合理区间较高位运行。

专家表示,我国经济已进入高质量发展阶段,实体经济的发展,需要一个良好的金融环境。金融"活水"流入实体经济,在推动经济茁壮成长的同时,也会促进金融回归本源,有效防控风险,确保行业平稳健康发展。

金融活,经济活;金融稳,经济稳。新起点上,金融各行各业将持续向实体经济提质增效发力、聚力，提升金融服务实体经济的质量和效率，促进经济与金融良性循环。

（新华社北京 2020 年 10 月 4 日电　新华社记者谭谟晓、李延霞）

金融改革向纵深推进　现代金融体系逐步健全

金融是现代经济的核心，是经济运行的血脉。"十三五"时期，中国金融改革着力建设现代金融体系，坚持金融服务实体经济的根本要求，扩大金融业双向开放，为"十三五"规划圆满收官交出一份亮眼的答卷。

金融配置资源的能力不断增强

随着学生逐步返校，文具销售大幅增长，江苏学泰印务有限公司的车间重现一派繁忙景象，企业订单源源不断。"这些订单能够顺利生产，多亏建行7月为我们提供了1000万元的贷款支持。更令我感到惊喜的是，建行还主动下调了贷款利率，降幅超过20%，一年可帮我们节约利息费用约12万元。"企业负责人陈志润说。

今年以来，在政策引导下，企业贷款利率明显下降。今年1月至7月，全国银行业新发放普惠型小微企业贷款利率为5.93%，较去年全年利率水平下降0.77个百分点。

这背后离不开金融要素市场化改革的稳步推进。去年8月，中国人民银行宣布完善贷款市场报价利率（LPR）形成机制，并将LPR作为各银行新发放贷款的主要参考，货币政策传导效率明显提升。今年8月底，存量浮动利率贷款定价基准转换顺利完成，利率市场化改革红利持续释放……

在国家金融与发展实验室理事长李扬看来，金融供给侧结构性改革不是简单地增加机构、增加贷款、增加产品,而是资源配置方式的重新调整,提升生产要素的配置效率。

"十三五"期间,我国信贷规模合理增长,直接融资也显著增加,金融配置资源的能力不断增强,正逐步形成分工合理、相互补充、功能完整的现代金融体系。

8月末,我国人民币贷款余额为167.5万亿元,较2015年末增长78.2%;中国债券市场存量规模达112万亿元,成为全球第二大债券市场;目前我国沪深两市已经有超过4000家上市公司,A股市值规模全球第二……

专家认为,越来越多的金融"活水"被引向实体经济,配置到更有效率、更具创新性、更加绿色的地方,金融服务经济社会发展的效率和水平稳步提升。

守住风险前提下加速金融机构改革

目前,我国有银行业金融机构4000多家,其中99%是中小银行。它们扎根基层,天生具有普惠性质。但个别中小银行盲目扩张、偏离主业、股东结构复杂等问题突出,如何化解风险引发普遍关注。

今年5月,国务院金融委办公室宣布11条金融改革措施,其中出台了《中小银行深化改革和补充资本工作方案》。通过一系列政策举措,越来越多的中小银行已找准定位,回归"支农支小"本源,依据自身优势深耕地方,迎来发展新天地。

推进中小银行深化改革是我国金融机构改革的重要一步。人民银行相关人士介绍,"十三五"期间,国有大型商业银行加快战略转型,开发性、政策性金融机构深化改革方案得到积极落实,中小银行稳健经营能力进一步提升,民营银行实现常态化设立和稳妥有序发展……多层次、广覆盖、有差异的银行体系已初步形成。

近年来,在金融改革举措的引导下,金融业普遍注重创新发展,不断丰富金融产品和市场层次,这也要求建立健全与各项创新相匹配的风险管控能力。

"金融创新"和"金融监管"双轮驱动,正共同推动着我国金融体制改革加速前进。"十三五"期间,金融部门不断优化金融监管体系,构建现代金融监管新框架,完善问题金融机构市场化处置和退出机制,守住不发生系统性金融风险的底线。

在"十三五"规划收官之际,防范化解重大金融风险攻坚战取得阶段性成果:宏观杠杆率过快上升势头得到遏制,影子银行无序发展得到有效治理,高风险中小金融机构处置取得阶段性成果,互联网金融和非法集资等涉众金融风险得到了全面治理。

高层次开放型金融体系初步形成

日前,中国证监会等三部门发文,进一步便利外资投资境内资本市场,针对合格境外机构投资者和人民币合格境外机构投资者在境内进行证券期货投资,降低了准入门槛,扩大了投资范围。

这只是近年来我国持续扩大金融开放的一个缩影。"十三五"期间,我国持续推动金融市场双向开放,境内外金融市场互联互通取得实质性突破:彻底取消银行、证券、基金管理、期货、人身险领域的外资持股比例限制;取消企业征信评级、信用评级、支付清算等领域的准入限制,给予外资国民待遇……

与此同时,我国稳步推进人民币国际化,2016年人民币加入特别提款权货币篮子(SDR)。央行发布的《2020年人民币国际化报告》显示,人民币已成为第五大国际支付货币、第五大国际储备货币、第三大贸易融资货币和第八大外汇交易货币。

人民银行相关人士表示,随着稳步扩大金融业双向开放,高层次开放型金融体系初步形成。中国正积极参与全球经济金融治理,提升我国在国际货币基金组织的影响力,大力推动区域金融合作。

在"十三五"收官之际,金融领域不仅交出了自己的答卷,还在人民银行牵头下启动了"十四五"金融改革发展规划起草工作。展望"十四五",人们对未来金融改革新举措充满期待,一个更为健全的现代金融体系正迎面而来。

(新华社北京2020年10月6日电　新华社记者吴雨)

以改革激发活力动力　央企高质量发展态势凸显

中央企业是国民经济的重要骨干和中坚力量。"十三五"时期，我国中央企业运行更稳、结构更优、创新更强。这份亮眼的成绩单，是近年来国资国企改革不断向纵深挺进的结果，也折射出中央企业攻坚克难，迈向高质量发展的坚定步伐。

发展不停步　"体质"更强健

全国已建设开通 5G 基站超 50 万个；平潭海峡公铁两用大桥公路桥面试通车；白鹤滩水电站左岸地下厂房全线浇筑封顶……连日来，中央企业重大工程、重点项目捷报频传。

今年以来，面对突发的新冠肺炎疫情，中央企业闻令而动，在应急保供、医疗支援、复工复产、稳定产业链供应链等方面发力，彰显了"大国重器"的实力与担当。今年 6 月份，中央企业收入、净利润同比增速已双双转正。

初心不改，奋斗不止。回望"十三五"，世界经济风云变幻，面对内外矛盾叠加的复杂局面，中央企业坚决贯彻新发展理念和推动高质量发展要求，有效发挥了国民经济"稳定器""压舱石"作用。

运行更稳、实力更强——来自国务院国资委的数据显示，截至 2019 年底，中央企业资产总额达 63.4 万亿元，比"十二五"末增加 15.8 万亿元，增长 33.2%；净资产为 22.2 万亿元，比"十二五"末增加 6.3 万亿元，增长 39.9%。

效益提升、布局优化——2019年中央企业实现营业收入31万亿元、利润总额1.86万亿元，分别比2015年增长35.6%和51.7%；2019年中央企业全员劳动生产率为每人56.3万元，比"十二五"末增长40.2%。国有资本进一步向重要行业和关键领域集中。

创新无止境　亮出高"研值"

9月27日，一台最大开挖直径达16.07米的超大直径盾构机在中国铁建重工集团长沙第一产业园下线。这台盾构机整机长150米，总重量达4300吨。

"上天有神舟，下海有蛟龙，入地有盾构"。盾构机等装备制造业技术水平的提升，浓缩了中央企业近年来专注实业、做强主业，大力实施创新驱动发展战略的努力。

创新是企业的生命，是企业提高核心竞争力的根本。

作为建设创新型国家的骨干力量，截至2019年底，中央企业拥有733个国家级研发平台（含91个国家重点实验室）、216名两院院士；2019年度，中央企业研发经费支出为8190.4亿元；截至2019年底，中央企业拥有有效专利总量约77万项。

C919大型客机飞上蓝天，首艘国产航母下水，北斗卫星全球组网，"天问一号"奔向火星……"十三五"时期，中央企业科技创新成果丰富，涌现出一批具有世界先进水平的重大科技创新成果。

在加大投入突破关键核心技术的同时，中央企业还着力搭建各类"双创"平台，汇集创新资源，带动社会创新。"铺天盖地"的创业创新与"顶天立地"的科技突破相辅相成，正成为孕育经济发展新动能的重要源泉。

改革不停顿　踏上新征程

"十三五"时期，中央企业坚持市场化改革方向不动摇，依靠改革应对变局、开拓新局，向着改革"深水区"发起冲锋，在重要领域和关键环节进展不断。

——深化供给侧结构性改革，截至 2019 年底，中央企业 2041 户"僵尸"特困企业处置任务基本完成，累计化解煤炭、钢铁过剩产能 1.14 亿吨和 1644 万吨。

——中央企业公司制改革全面完成，企业市场化基础进一步筑牢；中国特色现代企业制度建设取得突破，中央企业集团层面实现董事会"应建尽建"。

——在产权层面，中央企业已与社会资本实现了较大范围的混合，目前混合所有制企业户数占比超过 70%，半数以上的国有资本集中在公众化的上市公司，电力、民航、电信等重点领域混改也迈出了实质性步伐。

——通过战略性重组，央企数量从 2015 年的 106 户调整至百户以内，主业处于石油石化、电力、通信、军工、机械、建筑等行业的企业资产总额和净资产占中央企业的比重均超过 90%。

当前，全球疫情仍在扩散蔓延，经济全球化遭遇逆流，我国企业发展面临多年来少有的复杂局面。

发展环境越是严峻，越要用好改革开放这个关键一招。

国资委日前召开视频会议，对中央企业改革三年行动工作进行全面部署。国资委党委书记、主任郝鹏表示，中央企业要聚焦再聚焦，努力在新阶段的国企改革中走在前列、作出表率。

（新华社北京 2020 年 10 月 9 日电　新华社记者王希）

"十三五"深化税制改革推动经济高质量发展

党的十八大以来,中国税制改革始终围绕发展大局,不断取得新突破。"十三五"期间,一个税制合理、税负稳定、结构优化、管理规范的中国现代税制体系初步建成,各项税制改革落地有声,税收调节作用不断显现。

全方位实施　与国家治理现代化同频共振

2016年5月1日零点,温州商人陈生在北京民族饭店开具了中国餐饮住宿业首张增值税专用发票。这一天,征收了66年的营业税告别中国税收舞台。

我国"十三五"规划纲要提出,要建立税种科学、结构优化、法律健全、规范公平、征管高效的税收制度。

5年来,一场更宏大的税制改革层层深入、效应叠加,始终与国家治理现代化同频共振。

——税收法定进程加快,依法治税与法治中国建设一脉相承。至2020年9月中旬,我国现行18个税种中,立法税种已达11个。

——实施结构性减税,增值税改革通过降税率、扩范围、调结构作用于产业结构和经济治理。

2016年5月1日我国全面推开营改增试点以来,增值税税率"四档并三档"、降低增值税税率、统一小规模纳税人标准、完善留抵税额退税制度……在实现以制造业为主的大规模减税的同时,一个更加公正、简明、高效的增值税制度逐渐成型。

——实施综合与分类相结合的个人所得税改革，税制改革嵌入社会治理。

"十三五"期间，我国实行综合与分类相结合的个人所得税改革跨出实质性步伐。2018年10月1日，个人所得税减除费用标准提高至5000元/月，并适用新税率表；2019年1月1日，个人所得税增加住房、教育、医疗、赡养老人等六项专项附加扣除，百姓获得感不断增强；2020年，圆满完成了个税改革后首次综合所得年度汇算。

——通过税制改革理顺政企、央地收入分配格局。营改增后，增值税收入中央与地方按照50∶50分成，中国税务学会副会长李万甫认为，这与以前中央与地方按照75∶25分成相比，更有利于调动地方积极性。

多领域并进　全面践行新发展理念

"十三五"时期，中国税务部门在为企业减负的同时，推出一系列改革举措，深层次激发经济增长新动力，助推结构优化、产业升级、绿色发展。

——税收杠杆撬动绿色经济发展。国家税务总局财产和行为税司司长卜祥来说，过去五年，我国从全面推行资源税从价计征、扩大水资源税试点，到环保税开征、资源税法实施，绿色税制体系建立，全力服务美丽中国建设。

——良税效应促进经济活力迸发。深化增值税改革，效应远远不限于减税。维也纳经济大学全球税收政策研究中心主任杰弗里·欧文斯评价，中国增值税改革不仅适应中国经济发展的阶段性要求，还通过打通增值税抵扣链条，减轻企业负担，在世界范围内也有示范意义。

——税制协调推动国际交流加快。税收是全球经济治理的重要组成部分。从第四届增值税全球论坛、第十届税收征管论坛，到首届"一带一路"税收征管合作论坛、"一带一路"税收征管合作机制会议……"十三五"时期，中国积极提升国际税收规则话语权，为全球税收治理贡献中国智慧。

改制与赋能并重　蹚出转型发展新路

税务部门把税制改革与征管改革、服务优化、技术升级等聚合起来,并运用绩效管理、税收共治等手段,蹚出了一条转型发展新路,确保各项改革平稳实施。

2019年,为确保党中央、国务院更大规模减税降费政策措施落地生根,税务系统建立了一面旗引领、一盘棋统筹、一张表推进、一竿子到底、一揽子服务、一个口答疑、一把尺核算、一体式督导、一股绳聚力的短平快优"九个一"工作法狠抓落实,确保减税降费政策高效便利、精准及时直达微观市场主体。

2020年,为服务党中央、国务院关于统筹推进常态化疫情防控和经济社会发展的重大决策部署,税务总局创新提出了"优惠政策落实要给力,'非接触式'办税要添力,数据服务大局要加力,疫情防控工作要尽力"的"四力"要求,完善党建引领和监督机制、政策研究与落实机制等,尤其运用税收大数据从宏观、中观和微观层面深入开展企业复工复产情况分析,精准帮扶企业复工复产复销,推动经济社会秩序恢复。

"十三五"期间,金税三期工程全面完成,实现了全国征管平台、应用软件、业务标准等方面的统一。此后,电子税务局等"互联网+税务"创新层出不穷,大数据、云计算、人工智能等前沿技术为税收征管服务提档升级。截至目前,全国范围内已对197个税费事项实现了网上办理,其中182个可以全程网上办;企业纳税人有90%以上的业务量可以通过网上办理,其中纳税申报业务网上办理率达99%以上。

国家税务总局党委书记、局长王军表示,在圆满完成税收工作"十三五"改革发展任务的基础上,税务部门将高标准制定、高质量谋划税收改革发展"十四五"规划,更好发挥税收在国家治理中的基础性、支柱性、保障性作用。

(新华社北京2020年10月14日电　新华社记者郁琼源)

减税降费促发展　利企惠民添动能
——"十三五"时期我国减税降费取得积极成效

亿万市场主体是稳就业的"顶梁柱",是稳增长的"发动机"。"十三五"时期,一项项为市场主体减负的减税降费政策接连出台,为千千万万企业减轻负担,增添创新创业的底气和信心,在促进经济高质量发展中发挥了重要作用。

税惠利企　减税降费持续加力升级

"十三五"时期,我国将税制改革与减税降费相结合,通过制度性安排与阶段性政策并举、普惠性减税与结构性减税并举,一系列政策持续出台、不断推进:

——2016年,全面推开营改增,释放大规模减税红利;

——2017年,通过简并增值税税率、全面清理规范涉企收费等措施,切实减轻企业和个人负担;

——2018年,通过降低增值税税率、提高个人所得税基本减除费用标准等措施,进一步减轻广大纳税人负担;

——2019年,更大规模减税降费政策实施出台,重点聚焦减轻制造业和小微企业负担,全年减税降费2.36万亿元;

——2020年,为应对疫情影响、稳住经济基本盘,财税部门及时出台实施一批阶段性、有针对性的减税降费政策，预计全年新增减税降费规模将超过2.5万亿元。

财政部税政司副司长陈东浩表示，为使企业有实实在在的获得感，今年以来，财税部门坚决落实落细减税降费政策，确保企业用足用好政策；加快直达资金下达，缓解基层财政压力，支持落实减税降费政策；加强监督检查，确保依法依规组织收入、严禁违规征收税费。

国家税务总局党委书记、局长王军介绍，2016年至2020年新增的减税降费累计将达7.6万亿元左右，特别是2019年实施更大规模减税降费，全年新增减税降费达到2.36万亿元，占GDP的比重超过2%，拉动全年GDP增长约0.8个百分点。

"减税降费是一项应对经济下行压力的重大财税政策抉择，是一项推动高质量发展的重大经济战略决策，是一项事关国家治理全局的重大政治决断。"王军多次强调落实减税降费政策的重要意义。

鼓励创新　为实体经济增添动能

实体经济是建设现代化经济体系的基础。为推动实体经济特别是制造业发展，2018年国家推出了深化增值税改革三项措施，2019年实施更大规模减税降费，2020年巩固和拓展减税降费成效，深化增值税改革再次成为减轻企业负担"重头戏"。

"2019年公司全年增值税减税达到了3369万元。2020年1至8月，仅增值税降率就能减税大约3048万元。"山东联泓新材料科技股份有限公司财务人员彭杰说。

"十三五"时期，国家多次优化调整研发费用加计扣除等鼓励创新政策，2017年提高科技型中小企业研发费用税前加计扣除比例，并于2018年将研发费用加计扣除比例提高到75%的政策享受主体扩大至所有企业。

税收成本的降低，成为点燃科技创新的"新引擎"。国家税务总局统计数据显示，2016年至2019年，享受研发费用加计扣除政策的企业累计达84.3万户次，累计申报研发投入5.2万亿元，共计减免企业所得税8730余亿元，有效支持了科技创新发展。

对于初创型科技企业，资金需求尽管数额相对不大但却十分迫切。为吸引投资资金向初创科技型企业倾斜，助力科创企业成长发展，2017年国家出台了创业投资企业和天使投资个人有关税收试点政策。

以民为本　促创业稳就业保民生

"十三五"时期，我国减税降费政策红利的释放，让数千万市场主体活力得到进一步激发。

"一系列减税降费政策，确实给足了我们文化旅游事业重启发展的信心！"江西抚州市文化旅游投资发展有限责任公司总经理聂英说，"今年1到9月份，公司光社保费就减免了21.6万元，加上增值税等税费的减免，公司一下子就省出来近40万元，发展动力更足了！"

绿水青山就是金山银山。"十三五"时期，在税收优惠政策的引导鼓励下，一大批企业致力于清洁生产的转型，实现了环境保护和经济效益共赢的局面。

福建尤溪华港电源科技有限公司董事长陈华阳回忆："国家加快铅蓄电池行业环保转型步伐，公司治污能力不达标一度面临关停，税费压力也很大。好在税务、环保等部门多次上门开展政策辅导，公司很快升级了生产废水治理设施，排污少了，税费负担也轻了，现在每年仅环保税就省下6万元。"

国家税务总局收入规划核算司司长蔡自力表示，"十三五"时期，减税降费展现了国家积极主动提振经济高质量发展的决心和信心，税费优惠政策红利的持续释放，为我国经济稳步发展提供了坚实支撑。

（新华社北京2020年10月22日电　新华社记者郁琼源、申铖、刘红霞）

向第二个百年奋斗目标进军的行动指南

15个部分、60条、约2万字,这份习近平总书记亲自领导制定的规划《建议》,是开启全面建设社会主义现代化国家新征程、向第二个百年奋斗目标进军的纲领性文件,是今后五年乃至更长时间中国经济社会发展的行动指南。

全面建设社会主义
现代化国家热点解读

擘画新蓝图　开启新征程
——写在党的十九届五中全会召开之际

金秋的北京，又一次成为全球瞩目的焦点。

10月26日至29日，党的十九届五中全会在京召开。

这是意义非凡的高光时刻——

作为重要议题，会议将审议中共中央关于制定国民经济和社会发展第十四个五年规划和二〇三五年远景目标的建议，为未来5年乃至15年中国发展擘画蓝图。

这是逐梦未来的重要里程碑——

在"十三五"规划确定的各项目标任务即将胜利完成之际，中国将推动"两个一百年"奋斗目标有机衔接，为全面建设社会主义现代化国家开好局、起好步。

百年交汇，谋篇布局。这次会议的召开和释放的信号，将为中国和世界发展注入更强大的信心。

凝心聚力，开启全面建设社会主义现代化国家新征程

在鄱阳湖捕鱼20多年后，江西省南昌市新建区联圩镇下沙头村村民吴华山"上岸"转行。今年1月1日起，长江禁渔启动。和吴华山一样转产的渔民有20多万人。

为全局计，为世代谋。

2016年1月，"十三五"刚刚开局，推动长江经济带发展座谈会在重庆召开。共抓大保护，不搞大开发，长江经济带发展翻开新篇章。

"把黄河流域生态保护和高质量发展作为事关中华民族伟大复兴的千秋大计"，2020年8月31日，中共中央政治局召开会议，审议《黄河流域生态保护和高质量发展规划纲要》，这一重大国家战略加快落地。

理念指引实践，奋斗谱写篇章。

5年来，以新发展理念为指引，破解发展难题，厚植发展优势，一场关系我国发展全局的深刻变革全面开启——

创新成为第一动力，协调成为内生特点，绿色成为普遍形态，开放成为必由之路，共享成为根本目的。

5年来，我国经济实力、科技实力、综合国力跃上新台阶，发展前景更广阔——

经济总量接近100万亿元大关，人均GDP跨上1万美元台阶，决胜全面建成小康社会、决战脱贫攻坚取得决定性成就；"十三五"规划主要指标总体将如期实现，重大战略任务和165项重大工程项目全面落地见效，中国创造、中国制造、中国建造惊艳世界；拥有世界最大规模中等收入群体和上亿市场主体，中国经济活力迸发，人民获得感、幸福感、安全感不断增强……

中国，站在历史的重要关口，机遇前所未有，挑战也前所未有。

当今世界正经历百年未有之大变局，经济全球化遭遇逆流，世界进入动荡变革期；

中国正处于实现中华民族伟大复兴的关键时期，社会主要矛盾变化带来新特征新要求，高质量发展亟待"闯关"。

凡事预则立，不预则废。

编制和实施国民经济和社会发展五年规划，是党治国理政的重要方式，是中国之治的重要"密码"。

全面总结"十三五"发展经验、准确体察中国国情、深刻把握发展大势，党的十九届五中全会将为"十四五"中国发展把脉定向。

立足当前,倾听人民呼声、汇聚人民智慧,凝聚起国家奋进的强大力量——

习近平总书记主持召开系列座谈会,直接听取社会各界对"十四五"时期我国经济社会发展的意见和建议;为谋划"十四五"发展,他多次赴地方考察调研。中央还首次通过互联网就"十四五"规划编制向全社会征求意见和建议。

"需要把加强顶层设计和坚持问计于民统一起来,鼓励广大人民群众和社会各界以各种方式建言献策,推动'十四五'规划编制顺应人民意愿、符合人民所思所盼。"总书记谆谆嘱托。

着眼长远,关于未来中国前瞻性、战略性、全局性的思考逐渐清晰,方向更加明确——

必须坚持党的全面领导,坚持和完善中国特色社会主义制度,不断提高贯彻新发展理念能力和水平;

必须坚持以人民为中心,坚持人民主体地位,维护人民根本利益,增进民生福祉;

必须构建新发展格局,切实转变发展方式,推动质量变革、效率变革、动力变革;

必须坚持深化改革开放,强化有利于提高资源配置效率、有利于调动全社会积极性的改革开放重大举措;

必须坚持系统观念,着力固根基、扬优势、补短板、强弱项,注重防范化解重大风险挑战……

在"两个一百年"的历史交汇点上,"十四五"画卷即将铺展,一幅更高质量、更有温度、更富活力的发展图景跃然纸上。

御风前行,在新发展理念指引下构建新发展格局

0.7%!

最新数据显示,中国经济今年前三季度增速实现转正,在世界主要经济体中率先复苏。

面对风险挑战,中国在疫情防控和经济恢复上均走在世界前列,中国经济展现强大韧性和活力。国际货币基金组织预计,今年全球经济将萎缩4.4%,中国将是全球唯一实现正增长的主要经济体。

砥砺奋进,御风前行。

10月22日,中共中央政治局常务委员会召开会议,听取"十三五"规划实施总结评估汇报,对"十四五"发展方位和形势作出科学研判——

"深刻认识我国社会主要矛盾变化带来的新特征新要求";

"深刻认识错综复杂国际环境带来的新矛盾新挑战";

"深刻认识'十四五'时期我国将进入新发展阶段的重大判断";

……

贯彻落实新发展理念,紧扣推动高质量发展,着力构建新发展格局,中国方向清晰、步履坚定。

以科技创新催生新发展动能,实现依靠创新驱动的内涵型增长——

系上安全带、点击屏幕"开始"键,车辆缓缓起步,自动避让行人或障碍物……不久前,百度在北京推出自动驾驶出租车体验服务。随着5G时代到来,无人驾驶汽车"渐行渐近"。

当今世界,新一轮科技革命和产业变革加速演变。经济社会发展比过去任何时候都更加需要科学技术,都更加需要增强创新这个第一动力。

改善科技创新生态,推动重要领域关键核心技术攻关,持之以恒加强基础研究,加强创新人才教育培养……转型升级的中国经济,犹如滚石上山、爬坡过坎。创新,则是翻越关口的强大引擎。

中国科学院院长白春礼说,要通过"十四五"乃至更长一个时期的努力,推动科技创新率先走上高质量发展道路,以高质量科技创新支撑引领高质量发展。

以深化改革激发新发展活力,拿出更大勇气、更多举措破除深层次体制机制障碍——

南海之滨，春潮涌荡。

经济特区建立40周年之际，中央宣布支持深圳实施综合改革试点，以清单批量授权方式赋予深圳在重要领域和关键环节改革上更多自主权，一揽子推出27条改革举措和40条首批授权事项。

这份改革"任务书"，为新时代深圳改革开放再出发吹响号角。

坚持和完善社会主义基本经济制度，营造长期稳定可预期的制度环境；建设高标准市场体系，完善公平竞争制度，激发市场主体发展活力……

改革又到了新的历史关头。面对很多前所未有的新问题，必须拿出更大的政治勇气和智慧，勇往直前、风雨无阻。

以高水平对外开放打造国际合作和竞争新优势，以开放促改革促发展——

大型数控机床、家居装饰品、精美水晶酒具……一批批展览品完成通关，"奔向"上海虹桥的国家会展中心。11月初，第三届中国国际进口博览会将在这里召开。

2020年服贸会在北京举行，两届广交会成功"搬上云端"，第三届进博会如约而至……三大国际展会次第召开，折射中国扩大开放决心。

"我们绝不会关起门来搞建设，而是要以更大力度、更高水平开放为前提构建新发展格局。"第十三届全国政协经济委员会委员王一鸣说。

在开放中密切同世界经济的联系，在统筹发展和安全中实现更加强劲可持续的发展，中国的发展，也将为世界经济注入动力。

人民至上，续写新的发展奇迹

6月30日，一辆标有"四川乡村客运"的面包车穿过隧道、越过钢桥，驶进四川凉山彝族自治州布拖县阿布洛哈村新建安居小区。

中国最后一个具备通硬化路条件的建制村，正式通车！

阿布洛哈村位于金沙江大峡谷深处，彝语意为"高山中的深谷"。过去，村民出村要走3个多小时。如今，坐车10多分钟可出村，2小时就到县城。

一条公路，联通起小村与城市，打通贫瘠与富足、困顿与希望。

不忘初心，牢记使命。今年底，即将走过百年历程的中国共产党，将带领中国人民再创辉煌——一个14亿人口的发展中大国将历史性地告别绝对贫困，书写人类反贫困史上的伟大奇迹。

"接续推进巩固拓展攻坚成果同乡村振兴有效衔接，保持脱贫攻坚政策总体稳定，多措并举巩固脱贫成果。要激发贫困地区贫困人口内生动力，激励有劳动能力的低收入人口勤劳致富，向着逐步实现全体人民共同富裕的目标继续前进。"

习近平总书记为下一步工作指明方向。

一切为了人民，一切依靠人民。今年这个特殊的年份，更加彰显"人民"二字的分量。

新冠肺炎疫情肆虐之下，从出生仅30多个小时的婴儿到100多岁的老人，每一个人的生命、价值和尊严都得到悉心呵护。

从社区值守，到居家隔离；从超4万名医护人员驰援湖北，到疫情大考下基本民生有效保障、重点行业有序运转，人民力量全面彰显。

不同历史方位，发展重点不同。

社会主要矛盾转化，决定了新时代发展重心所在——

如何全面推进健康中国建设，让每个人都能享有更高水平的卫生健康服务？

如何践行绿色低碳发展，让青山常在、绿水长流、空气常新的美丽中国早日成为现实？

如何让庞大的老年人群实现老有所养、老有所依、老有所乐、老有所安？

如何推进教育事业改革发展，破解教育不均衡困境，让每个孩子都能享有公平而有质量的教育？

如何更好满足人民对于民主、法治、公平、正义、安全的需求？

……

全面建成小康社会不是终点，而是新生活、新奋斗的起点。

9月坝上，蓝天、草原、旋转的巨大"风车"相互映衬。这里是国家规划的9个千万千瓦级风电基地之一，将助力北京冬奥会成为"绿色冬奥"。

"中国将提高国家自主贡献力度，采取更加有力的政策和措施，二氧化碳排放力争于2030年前达到峰值，努力争取2060年前实现碳中和。"

习近平主席在第七十五届联合国大会一般性辩论上发表重要讲话，向全世界释放出中国走绿色发展之路的强烈信号。

现代化转型的道路上，中国的发展理念和发展探索，为全球发展贡献"中国智慧"。

60多年，超过一个甲子的时间。从第一个五年计划到第十三个五年规划，中国特色社会主义展现蓬勃生机活力。

驶向"十四五"航程，把人民对美好生活的向往当作奋斗目标，"中国号"巨轮将续写新的发展奇迹。

（新华社北京2020年10月25日电　新华社记者安蓓、陈炜伟、高敬、申铖）

高远务实的时代擘画
——党的十九届五中全会侧记

站在"两个一百年"奋斗目标的历史交汇点上,中国共产党第十九届中央委员会第五次全体会议谋划长远,为中国擘画了一幅波澜壮阔的新图景。

10月26日至29日,全会在京召开,听取和讨论了习近平总书记受中央政治局委托作的工作报告,审议通过了《中共中央关于制定国民经济和社会发展第十四个五年规划和二〇三五年远景目标的建议》《中国共产党第十九届中央委员会第五次全体会议公报》。习近平总书记就《建议(讨论稿)》向全会作了说明。各项表决议程后,习近平总书记代表中央政治局就抓好全会精神贯彻落实作了重要讲话。

全会上,习近平总书记阐明了今日中国的新坐标:"'十三五'规划目标任务即将完成,全面建成小康社会胜利在望,中华民族伟大复兴向前迈出了新的一大步,社会主义中国以更加雄伟的身姿屹立于世界东方。"

时间见证前行,见证民族复兴路上一砖一瓦,垒砌浇筑新的里程碑。9000万人的大党、14亿人的大国将从这里昂首阔步再出发。

开好局,起好步:立足五年,着眼百年

习近平总书记多次强调:"领导干部要胸怀两个大局。一个是中华民族伟大复兴的战略全局,一个是世界百年未有之大变局。"

从这两个恢弘视角观察五中全会，可以更深刻理解这四天之于历史的分量。

在中华民族复兴的征程上，五中全会恰是一个承前启后、继往开来的时间节点。一头接续即将挥就的百年史诗，一头开启第二个百年的恢弘篇章。

26日上午，全会召开第一次全体会议，习近平总书记代表中央政治局向全会作工作报告，并就建议稿起草的有关情况向全会作说明。他深刻阐释了"十四五"的五年和"两个一百年"的内在逻辑：

"'十四五'时期是我国在全面建成小康社会、实现第一个百年奋斗目标之后，乘势而上开启全面建设社会主义现代化国家新征程、向第二个百年奋斗目标进军的第一个五年。"

中长期目标和短期目标相互叠加，环环相扣。按照"两步走"的战略安排，第二个百年奋斗目标将在2035年完成第一步，基本实现社会主义现代化。建议稿将"十四五"规划与2035年远景目标统筹考虑，经过了深思熟虑。

习近平总书记就此指出，从各方面反馈的意见看，大家一致认为，"对动员和激励全党全国各族人民战胜前进道路上各种风险挑战，为全面建设社会主义现代化国家开好局、起好步，具有十分重要的意义"。

全会分组讨论期间，一位与会同志将时间点逐一拆解分析，他说："到2035年共15年，由三个五年规划组成，头一个很关键，决定第一步走得顺不顺。"

会场内外的观察、国内外的评析，都指向了"中国之治"。有媒体称："中国发展脉络清晰，能清晰预判稳定和持续繁荣的前景。"有位中央委员认为："制度优势有效转化为治理效能，不仅因为制度本身好，而且因为制度运用得好。"

世界百年未有之大变局正风起云涌。来势汹汹的新冠肺炎疫情加速了国际格局演变，世界进入动荡变革期，"更多逆风逆水的外部环境"之下压力增大、挑战增多。习近平总书记深刻指出，这样的大变局"是世界之变，时代之变，历史之变"。

中国走向何方？当这份既有前瞻性又符合实践需要的行动纲领公布之际，打开了世界感知中国脉动的最佳窗口。

事非经过不知难。外部环境的不稳定性、不确定性，也是文件起草的严峻挑战。科学研判"时"与"势"，辩证把握"危"与"机"，决胜于千里之外。习近平总书记强调，我们要充分估计困难，更要坚定信心，百折不挠，把自己的事情办好。

"保持战略定力，办好自己的事，认识和把握发展规律，发扬斗争精神，树立底线思维""善于在危机中育先机、于变局中开新局"……仔细研读建议稿，字里行间蕴含着党中央的战略定力。

习近平总书记在建议稿起草说明中强调："党中央的建议主要是管大方向、定大战略的。综合考虑各方面因素，建议稿对'十四五'和到2035年经济发展目标采取了以定性表述为主、蕴含定量的方式。编制规划《纲要》时可以在认真测算基础上提出相应的量化目标。"

习近平总书记指出："我们越来越深刻地认识到，安全是发展的前提，发展是安全的保障。"建议稿设置专章对统筹发展和安全作出战略部署，也是他亲自谋划和敲定的。

一位中央委员注意到，建议稿关于社会领域的内容，超过以往历次规划建议，政策含金量很高，彰显了发展为了人民的理念。

在艰苦卓绝的抗"疫"斗争中，"人民至上、生命至上"的理念闪耀着不朽光芒。习近平总书记谆谆告诫全党同志，我们要坚持把人民群众的小事当作自己的大事。翻开建议稿，养老育幼、水电路气、粮棉油糖肉，甚至农村改厕、生活垃圾处理和污水治理等，都有笔墨。

一位文件起草组成员表示，习近平总书记在领导文件起草工作中，多次强调要以人民为中心，促进全体人民共同富裕不能含糊。

共同富裕是社会主义的本质要求。建议稿在到2035年基本实现社会主义现代化远景目标中提出"全体人民共同富裕取得更为明显的实质性进展"，在改善人民生活品质部分突出强调了"扎实推动共同富裕"。这样表述，在党的全会文件中还是第一次。

习近平总书记对此作出说明:"促进全体人民共同富裕是一项长期任务,但随着我国全面建成小康社会、开启全面建设社会主义现代化国家新征程,我们必须把促进全体人民共同富裕摆在更加重要的位置,脚踏实地、久久为功,向着这个目标更加积极有为地进行努力。"

一个重要特点:问计于民和顶层设计相统一

从今年3月中央政治局决定,党的十九届五中全会审议"十四五"规划建议,成立文件起草组;到10月29日五中全会闭幕、全会公报出炉。200多个日夜,树叶绿了又黄,街道从空旷寂静再到熙熙攘攘,中国大地经历了多少惊心动魄。

习近平总书记担任文件起草组组长。起草工作正式启动之际,疫情防控形势依然严峻。攸关民族复兴大业的战略谋划有条不紊敲响了"战鼓"。

3月奔赴武汉,4月深入浙江,5月赶往山西,6月西行宁夏,7月北上吉林,8月冒酷暑到安徽,9月南下湖南,10月飞抵广东……地方调研,为"十四五"规划建议编制丰富了实践案例。

从7月下旬到9月下旬,习近平总书记先后主持召开系列座谈会。专家学者、企业家、科学家、货运司机、餐馆店主、农民工人等各行业代表走进会场。他多次强调,顶层设计和问计于民相统一,要充分倾听各方声音,了解人民所思所盼。

科学家座谈会上,人才话题成为焦点。听了大家的建言,习近平总书记感同身受:"国家科技创新力的根本源泉在于人。十年树木,百年树人。""在这个问题上,我们步子还要再大一点,引入更开放更灵活的机制。"

建议稿的分论部分,总体上按照新发展理念的内涵来组织,分领域阐述"十四五"时期经济社会发展和改革开放的重点任务,安排了12个部分,科技创新位居其首。

"坚持创新在我国现代化建设全局中的核心地位""把科技自立自强作为国家发展的战略支撑"……中流击水，奋楫者先。创新，按下了中国奔跑的"加速键"。

文件起草过程，开创了我国五年规划编制史上首次"网络问策"，网友留言100多万条。县城的社区工作者，建议"用大数据打造智慧社区"；大山深处的村支书，盼望"村镇干部能有更多机会到外面学习交流"；毕业回乡创业的年轻人，希望将"撂荒的土地流转起来"……

亿万人民共同参与、共同见证、共同推动，汇聚成新征程上的磅礴力量。习近平总书记在建议稿起草说明中强调："文件起草组逐条分析各方面意见和建议，做到了能吸收的尽量吸收，对建议稿增写、改写、精简文字共计366处，覆盖各方面意见和建议546条。这是我国党内民主和社会主义民主的生动实践。"

为期四天的全会，安排了多场分组讨论。与会同志踊跃发言，以专业视野反复推敲文件稿。关系国家前途命运的事业也是每一个人的事业，每个人都担着沉甸甸的责任。

会议室的发言席很"抢手"。有时上一位的发言还没结束，就有同志坐到他旁边等待下一个发言；有时前一位发言刚结束，会场几人同时起身。有的与会同志在听会中有新启发，发言后不久主动提出"再讲一讲"。

中央领导同志深入各小组听取意见建议，不时和大家交流探讨。万众一心抗"疫"壮举，经济指标逆势而上率先破局、国内外挑战面前"泰山压顶不弯腰"……会场的共鸣声此起彼伏。成绩说得客观，问题谈得深刻，建议提得中肯。

短短四天，就建议稿起草作说明、分组讨论、汇总意见建议、修改建议稿、讨论《建议（修改稿）》并再修改，最后进行表决。每一个环节层层推进，每一道民主程序严肃履行。正如习近平总书记所说："这次建议稿起草的一个重要特点是坚持发扬民主、开门问策、集思广益。"

善始善终、善作善成：三个"新发展"构成主线

时间都去哪儿了？

"十三五"的五年，适逢全面建成小康社会决胜阶段，时间在用量变累积质变。中国的每一寸土地上的人民、每座山峦每条江河几乎都在改变。

在五中全会开幕前夕，中央政治局常委会在中南海召开会议，听取"十三五"规划实施总结评估汇报。从60多年前实施"一五"计划至今，这样的会议并不常见。"对定下了的工作部署，要一抓到底、善始善终。"这是习近平总书记的工作作风。

"十三五"的最后一年，几多风雨、几多壮志、几多辉煌。全会听取和讨论了习近平总书记受中央政治局委托作的工作报告。报告中，他评价说："党的十九届四中全会以来，党和国家走过了一段极不平常的历程。"

惊涛骇浪前坚如磐石，风险挑战中运筹帷幄。以习近平同志为核心的党中央带领全国人民，打赢了一场又一场硬仗，抵御了一个又一个风险，取得了一个又一个胜利。

一个细节可看出中国共产党人的党风政风。

在会场所在地京西宾馆，清新朴实的会风扑面而来。与会同志们的房间十分简朴，餐厅多措并举避免浪费、就餐践行"光盘行动"。历览前贤国与家，成由勤俭败由奢。习近平总书记在前不久对制止餐饮浪费行为作出重要指示。他的叮嘱饱含深意："过去我们党靠艰苦奋斗，勤俭节约不断成就伟业。现在我们仍然要用这样的思想来指导工作。党和政府带头过紧日子，目的是为老百姓过好日子，这是我们党的宗旨和性质所决定的。"

29日下午，全会第二次全体会议，在人民大会堂召开。

"今天下午的全体会议有2项议程。"习近平总书记的声音传遍会场。

"现在进行第一项议程，审议通过《中共中央关于制定国民经济和社会发展第十四个五年规划和二〇三五年远景目标的建议（草案）》。"

与会的中央政治局同志和全体与会中央委员，一致高举右手。

"通过！"习近平总书记郑重宣布。

"现在进行第二项议程，审议通过《中国共产党第十九届中央委员会第五次全体会议公报（草案）》。"

公报同样一致表决通过。掌声如雷。

习近平总书记强调："全会通过的《建议》，是开启全面建设社会主义现代化国家新征程、向第二个百年奋斗目标进军的纲领性文件，是今后5年乃至更长时期我国经济社会发展的行动指南。当前和今后一个时期，全党全国的一项重要政治任务是学习贯彻这次全会精神，把《建议》确定的各项决策部署和工作要求落到实处。"

新发展阶段、新发展理念、新发展格局，这份纲领性文件深刻把握了变与不变的关系，内涵丰富、思想深邃。

全面把握新发展阶段——

"十三五"时期是全面建成小康社会决胜阶段。困扰中华民族几千年的绝对贫困问题将历史性得到解决，决胜全面建成小康社会取得决定性成就。

全面建成小康社会，为全面建设社会主义现代化国家创造了有利条件。习近平总书记强调："新发展阶段，就是全面建设社会主义现代化国家向第二个百年奋斗目标进军的阶段。这在我国发展进程中具有里程碑意义。""进入新发展阶段，是中华民族伟大复兴历史进程的大跨越。"

全面贯彻新发展理念——

在过去很长一段时期，GDP增速都是我国五年规划的"指挥棒"。"十三五"时期是贯穿新发展理念这条主线的五年，经济发展正从"有没有"转向"好不好"。

建议稿提出，"十四五"时期经济社会发展要以推动高质量发展为主题，这是根据我国发展阶段、发展环境、发展条件变化作出的科学判断。"必须强调的是，新时代新阶段的发展必须贯彻新发展理念，必须是高质量发展。"

着力构建新发展格局——

构建以国内大循环为主体、国内国际双循环相互促进的新发展格局，写入建议稿。习近平总书记指出："构建新发展格局，是与时俱进提升我国经济发展水平的战略抉择，也是塑造我国国际经济合作和竞争新优势的战略抉择。"

"我国有14亿人口，人均国内生产总值已经突破1万美元，是全球最大和最具潜力的消费市场，具有巨大增长空间。改革开放以来，我们遭遇过很多外部风险冲击，最终都能化险为夷，靠的就是办好自己的事、把发展立足点放在国内。"

……

"治理这样一个国家很不容易，必须登高望远，同时必须脚踏实地。"习近平总书记的这番话，也是中国在新征程上创造新奇迹的"密码"。

"从第一个五年计划，到第十四个五年规划，一以贯之的主题，是把我国建设成为社会主义现代化国家。"从新中国建设到改革开放再到决胜全面建成小康社会，几代人孜孜以求、接续奋斗。建设社会主义现代化国家的意志和决心始终没有动摇。

习近平总书记庄严宣告："我们即将全面建成小康社会、完成脱贫攻坚任务、实现第一个百年奋斗目标，从明年起将开始向第二个百年奋斗目标进军。"

中华民族千秋伟业，百年恰是风华正茂。

（新华社北京2020年10月30日电　人民日报记者杜尚泽，新华社记者张晓松、朱基钗）

历史交汇点上的宏伟蓝图
——《中共中央关于制定国民经济和社会发展第十四个五年规划和二〇三五年远景目标的建议》诞生记

中华民族伟大复兴的逐梦航程，迎来新的出发——

2020年10月29日，如潮的掌声中，中国共产党第十九届中央委员会第五次全体会议审议通过《中共中央关于制定国民经济和社会发展第十四个五年规划和二〇三五年远景目标的建议》。

这份在习近平总书记亲自领导下、汇聚全党全国智慧编制而成的行动纲领和政治宣言，擘画了中国面向未来的宏伟蓝图——

在胜利实现第一个百年奋斗目标之后，以习近平同志为核心的党中央将带领14亿中国人民开启全面建设社会主义现代化国家新征程，向着第二个百年奋斗目标继续奋勇前行！

肩负伟大使命，把准前行航向，吹响向第二个百年奋斗目标进军的号角

2020年，中华民族迎来又一个历史关键节点。

"十三五"收官在即，全面建成小康社会、完成脱贫攻坚任务、实现第一个百年奋斗目标胜利在望；"十四五"新篇待启，中华民族将踏上全面建设社会主义现代化国家、向第二个百年奋斗目标进军的新征程。

站在"两个一百年"奋斗目标的历史交汇点上，以习近平同志为核心的党中央担当着千钧重任。

2020年春天，北京中南海。

就在领导全国人民抗击新冠肺炎疫情的紧要时刻，以习近平同志为核心的党中央，同时进行着一场事关民族复兴前途命运的战略谋划。

3月，中央政治局常委会、中央政治局先后召开会议，决定党的十九届五中全会重点研究"十四五"规划建议问题，并决定成立文件起草组，由习近平总书记担任组长，李克强、王沪宁、韩正同志任副组长，有关部门和地方负责同志参加，在中央政治局常委会领导下进行文件起草工作。

4月13日，武汉"解封"还不到一周，习近平总书记就在中南海怀仁堂主持召开文件起草组第一次全体会，对文件起草工作进行指引。

在这次动员会上，习近平总书记鲜明指出："十四五"时期是我国全面建成小康社会之后，乘势而上为实现第二个百年奋斗目标而奋斗的第一个五年，是我国抓住难得机遇、顶住各种挑战、拓展发展新空间的关键时期。

"现在，摆在我们面前的历史性课题就是加强顶层设计和科学规划，继续贯彻落实党的十九大作出的战略安排，指导全党全国做好未来5年经济社会发展工作。"习近平总书记在这次讲话中一下子就提出了38个需要重点研究的课题。

今日之中国，正在攻坚克难中书写新的历史巨变——

经济总量今年预计超百万亿元，人均GDP突破1万美元；拥有世界最大中等收入群体，形成强大国内市场；生态环境明显改善，美丽中国建设成效显著；5575万农村贫困人口实现脱贫，困扰中华民族千百年的绝对贫困问题将彻底解决……

"十三五"期间，面对错综复杂的国内外形势和突如其来的新冠肺炎疫情考验，以习近平同志为核心的党中央坚定沉着、保持定力，稳经济、促发展、战疫情、斗灾情、化危机、应变局，奋发有为推进党和国家各项事业，中华民族伟大复兴向前迈出了新的一大步，社会主义中国以更加雄伟的身姿屹立于世界东方。

来之不易的成绩，凝结着习近平总书记的心血智慧，展现出习近平新时代中国特色社会主义思想的强大生命力和科学真理性的光芒，汇聚着14亿人民团结奋进的磅礴伟力。

今日之中国，即将开启一段更辉煌的征程——

2021—2035，在中华民族伟大复兴的历史坐标上，将是怎样的15年？

党的十九大对实现第二个百年奋斗目标作出分两个阶段推进的战略安排。这次五中全会提出2035年远景目标，正是对第一个15年基本实现社会主义现代化的具体谋划。到那时，改革开放后邓小平同志提出的"三步走"战略设想，将提前15年成为现实，而"十四五"则是这一阶段的开篇之作。

对于历经苦难与辉煌的中华民族来说，现代化国家，曾是如此期盼却遥不可及的梦想。无数仁人志士前仆后继不懈奋斗的目标，即将在我们这一代人手中成为现实！

今日之中国，已进入实现中华民族伟大复兴的关键时期，发展面临前所未有的复杂环境——

向内看，我国发展仍处于重要战略机遇期，但机遇和挑战都有新的发展变化。我国已转向高质量发展阶段，经济长期向好，但发展不平衡不充分问题仍然突出，重点领域关键环节改革任务仍然艰巨，全面实现社会主义现代化还有相当长的路要走；

向外看，世界百年未有之大变局进入加速演变期，和平发展仍是时代主题，但国际形势的不稳定性不确定性明显增强，新冠肺炎疫情大流行影响广泛深远，单边主义、保护主义、霸权主义对世界和平与发展构成威胁，世界进入动荡变革期。

面对历史的重托、人民的期待，习近平总书记以强烈的使命感责任感，登高望远、运筹帷幄。

事实上，2019年10月党的十九届四中全会后，习近平总书记就开始关于党的十九届五中全会部署全面建设社会主义现代化国家的思考，并开展了一系列调查研究，就相关重大问题作出了一系列重要指示批示，要求有关部门及时研判、及早研究。

统筹中华民族伟大复兴战略全局和世界百年未有之大变局，我们党如何团结带领全国各族人民踏上现代化新征程？如何在世界的动荡变革期延伸和延展中国的战略机遇期，在化危为机中下好先手棋、赢得发展主动权？

"在发展环境发生深刻变化的情况下，党内外、国内外都在看着我们。五中全会要在历史关键时刻对国家发展走向作出战略指引。"习近平总书记的话铿锵有力。

无论在国际多双边场合，还是走进田间地头、产业园区调研，抑或主持召开一场场重要会议、一次次中央政治局集体学习……习近平总书记始终在深入调研和思考中把脉发展大势，回答时代之问。

习近平总书记高瞻远瞩的谋划，充分体现在起草组第一次会议上的重要讲话之中，并且成为此后约200天文件起草全过程的根本遵循。

——为新时代新征程的领航图把准方向。

明确"十四五"时期的时代方位，从"两个大局"出发阐明中国未来发展的机遇与挑战……习近平总书记谋深虑远，深刻阐明制定好"十四五"规划建议的重大意义。

"制定好'十四五'规划建议，为编制规划纲要提供依据，向社会传递未来5年我国发展的主要目标、优先领域、重点任务，有利于引导全社会汇聚共识、凝聚力量，推动我国经济社会发展不断取得新的成就。"习近平总书记指出。

——明确研究制定规划建议的总体要求。

"谋划'十四五'时期发展，必须贯彻党的十九大和十九届二中、三中、四中全会确定的重大战略部署，把握全面建设社会主义现代化国家的目标要求，深入贯彻新发展理念。"习近平总书记强调。

在具体工作方法上，习近平总书记提出，思考和起草文件继续沿用制定"十三五"规划建议时五个"相"的工作法：坚持目标导向和问题导向相统一、面向国内和全球视野相统筹、全面规划和突出重点相协调、战略性和操作性相结合、中期规划和长远展望相衔接。

习近平总书记还强调,起草"十四五"规划建议必须紧扣新形势新任务,处理好五大关系:继承和创新的关系、政府和市场的关系、开放和自主的关系、发展和安全的关系、战略和战术的关系,为文件起草工作进一步指明了方向。

——提出需要深入研究的"十四五"重大问题。

问题是时代的声音。历史总是在不断解决问题中前进。

我们党领导人民干革命、搞建设、抓改革,都是为了解决我国的实际问题。世界百年未有之大变局在"十四五"时期会有哪些突出表现?新冠肺炎疫情导致的全球衰退会持续多长时间?我国工业化城镇化处于什么阶段?"十四五"时期有哪些需要国家统筹谋划布局的重大工程项目……

习近平总书记指出,起草好"十四五"规划建议,要总结全面建成小康社会的成就和经验,科学研判"十四五"时期发展环境,深入研究"十四五"时期发展的总体思路和主要目标,准确把握"十四五"时期重大战略任务,研究提出深化改革开放重大举措,前瞻性谋划防范化解重大风险的应对预案。

"在文件起草工作正式启动的关键时刻,总书记的重要讲话让我们醍醐灌顶,既为'十四五'时期我国实现高质量发展指明方向,也为我们写出一份指导高质量发展的高质量文献提供了行动指南和根本遵循。"起草组同志一致表示。

在习近平总书记深邃思考统筹谋划下,规划建议的指导思想、目标要求、重大任务日益清晰,一幅面向2035年的社会主义现代化国家新图景铺展在世界面前——

我国经济实力、科技实力、综合国力将大幅跃升,经济总量和城乡居民人均收入将再迈上新的大台阶,关键核心技术实现重大突破,进入创新型国家前列;

基本实现新型工业化、信息化、城镇化、农业现代化,建成现代化经济体系;

基本实现国家治理体系和治理能力现代化,人民平等参与、平等发展权利得到充分保障,基本建成法治国家、法治政府、法治社会;

建成文化强国、教育强国、人才强国、体育强国、健康中国，国民素质和社会文明程度达到新高度，国家文化软实力显著增强；

广泛形成绿色生产生活方式，碳排放达峰后稳中有降，生态环境根本好转，美丽中国建设目标基本实现；

形成对外开放新格局，参与国际经济合作和竞争新优势明显增强；

人均国内生产总值达到中等发达国家水平，中等收入群体显著扩大，基本公共服务实现均等化，城乡区域发展差距和居民生活水平差距显著缩小；

平安中国建设达到更高水平，基本实现国防和军队现代化；

人民生活更加美好，人的全面发展、全体人民共同富裕取得更为明显的实质性进展……

关键时点的精准研判，举旗定向的路径引领，让世界看到了一个百年大党聚精会神搞建设、一心一意谋发展，一张蓝图绘到底、坚定不移向前进的决心和行动。

加强顶层设计和坚持问计于民相统一，凝聚起新时代新发展力量源泉

北京西郊，文件起草组驻地，会议室的灯光常常彻夜不熄。

从4月15日进驻开始，在习近平总书记关心指导下，全体文件起草组成员夙兴夜寐、孜孜不倦，全身心投入到文件起草工作中。

——整理汇编并深入学习领会习近平总书记有关重要讲话；

——专题研究习近平总书记在文件起草组第一次全体会议上所提的38个重大问题；

——深入研读中央财办、国家发展改革委组织有关部门、智库研究形成的200余份"十四五"规划前期重大课题研究报告；

——统筹吸收各地区各部门向中央提交的109份关于"十四五"规划的意见和建议；

——……

"每天戴着口罩讨论规划,这在我国五年规划建议的起草史上前所未有。"起草组成员不无感慨地说。

6月17日,中南海怀仁堂前绿草茵茵。时隔两个多月以后,习近平总书记主持召开文件起草组第二次全体会议。

关于文件框架是采用传统"串糖葫芦式"条状结构,还是"集装箱式"块状结构,与会人员进行了热烈讨论。

"这两个框架方案都注重体现开启全面建设社会主义现代化国家的时代特征,都注重体现新发展理念和高质量发展的内在要求,各有特点。"习近平总书记综合考量后建议,可以按照多数同志赞同的条状结构先写起来,同时也借鉴块状结构的一些长处。

关键时刻的精准指点,让起草组成员豁然开朗。

"关于这次全会文件的题目,我赞成叫关于制定国民经济和社会发展第十四个五年规划和二〇三五年远景目标的建议。"习近平总书记接着说,"应该把五年规划和2035年的远景展望有机结合起来,使之更有方向感、历史感、战略性。"

习近平总书记还亲自布置了文件起草组的分组和任务分工,并对下一步起草工作提出7方面要求——

"深刻把握时代背景""坚持鲜明的方向指引""突出办好我国自己的事情""坚持改革开放""突出系统观点""突出科技创新""同步推进经济社会现代化和国家治理现代化"……

"总书记既从大处着眼指明文件起草工作方向,又从细处落笔明确文件框架结构和任务分工,鼓舞着我们全力以赴为党和国家拿出一份经得起历史检验的高质量文献。"一位起草组成员说。

一份份专题报告,认真学习吸收;一篇篇参阅资料,抓紧汇总整理。数百万字的文字材料贴满了五颜六色的便签与索引,各种笔记、符号密密麻麻。

艰辛的"思想爬坡"中,有热烈讨论,也不乏切磋争论。

在框架结构上,文件虽然最终采用了条状结构,但在逻辑线索上暗含着创新、协调、绿色、开放、共享五大新发展理念的块状顺序，这就使全文既浑然一体又简洁清晰。

在具体写法上，经过深入讨论，起草组借鉴了党的十八届三中全会文件写法，采用"60条"的序号形式，这有利于减少条与条之间的起承转合，既直指问题关键，又使文件信息密集度最大化。

顶层设计同问计于民相结合，是本次文件起草最鲜明的特点。

9月17日上午，湖南长沙。在基层教育一线工作了近30年的常宁市塔山瑶族乡中心小学副校长盘玖仁没有想到，能有机会当面向习近平总书记汇报工作、提出"十四五"规划建议。

当天，正在湖南考察的习近平总书记主持召开基层代表座谈会。

"首先是教师数量不足，存在结构性缺编；其次是条件艰苦，好的老师留不住……"盘玖仁坦诚直白地说出了偏远民族地区基础教育中存在的短板。

"你反映的问题很实际。"习近平总书记回应道。

"昨天我去看了汝城县文明瑶族乡第一片小学，学校里有教学楼、宿舍和食堂，营养午餐是免费的，孩子们很开朗，说明改革开放以来，我们基本解决了义务教育普及化的问题，但教育资源不均衡问题又突出出来。'十四五'时期要着力解决这个问题，要好好研究。"

村支书、乡村教师、扶贫干部、农民工、种粮大户、货车司机、快递小哥、餐馆店主、法律工作者……两个多小时的座谈会上，习近平总书记同每一位发言代表都进行了交流。

"正确的道路从哪里来？从群众中来。我们要眼睛向下，把顶层设计同问计于民统一起来。"习近平总书记再次强调。

为了起草好"十四五"规划建议，从今年7月到9月，习近平总书记亲自主持召开了7场专题座谈会。

从出席人员看，涵盖企业家、党外人士、经济社会领域专家、科学家、教育文化卫生体育领域专家、地方党政领导、基层代表等各领域各阶层人士；

从召开地点看，既有北京，也有合肥、长沙等考察调研途中；

从座谈主题看,有专门针对某一群体的开门问策,有针对某一区域发展的问诊求方,还有针对基层群众的意见听取……

沉甸甸的"十四五"规划建议,正是在习近平总书记亲自谋划主持下,在一次次深入调研、广集民智中找到破题的关键,在一场场座谈交流中凝聚奋进的共识。

习近平总书记多次强调,要"鼓励广大人民群众和社会各界以各种方式为'十四五'规划建言献策,切实把社会期盼、群众智慧、专家意见、基层经验充分吸收到'十四五'规划编制中来,齐心协力把'十四五'规划编制好。"

8月16日一大早,人民日报、新华社、中央广播电视总台所属官网、新闻客户端及"学习强国"学习平台同步推出了新专栏——建言"十四五"。

通过互联网就"十四五"规划编制向全社会征求意见和建议,这在我国五年计划和规划编制史上是第一次。基层百姓的所思所想、所期所盼,得以直通中南海。

开门问策、集思广益,亿万网友的议政热情被充分点燃。短短两周时间里,累计收到超过101.8万条建言,其中对民生保障、社会治理、经济发展、生态环境、党的建设、乡村振兴等方面的意见建议最为集中,为文件起草工作提供了有益参考。

网上意见征求活动告一段落后,习近平总书记专门作出重要指示强调,针对人民群众所提建设性意见,"有关部门要及时梳理分析、认真吸收""要总结这次活动的经验和做法,在今后工作中更好发挥互联网在倾听人民呼声、汇聚人民智慧方面的作用,更好集思广益、凝心聚力"。

8月中旬,"十四五"规划建议稿向全国各地区各部门各单位党委、党组征求意见。共收到108个单位和10份党外人士书面材料反馈,总共提出修改意见2181条。收到从中央领导职务退下来的老同志等方面反馈意见58份。

在认真研究、逐条斟酌基础上,起草组对全会文件稿初步增写、改写、精简文字共计366处,覆盖各方面意见建议546条,反馈意见的吸收率达21.88%。

"从习近平总书记亲自主持召开多场座谈会到启动网络意见征求活动，从党内一定范围征求意见到听取党外人士意见建议，这次五年规划建议征求意见范围之广、参与人数之多、形式之多样堪称前所未有。"一位曾多次参与中央重要文件起草工作的起草组成员说。

春去秋来，耕耘收获，规划建议稿在夜以继日的反复打磨修改中日渐成熟。

习近平总书记先后3次主持召开中央政治局常委会会议、2次主持召开中央政治局会议审议建议送审稿。

10月26日上午9时，这份承载党和人民重托、凝聚各方智慧力量的文件，摆放在了出席党的十九届五中全会的各位同志面前。会上，习近平总书记代表中央政治局作工作报告，并就建议讨论稿向全会作了说明。

从26日下午开始，与会中央委员、候补中央委员、中央纪律检查委员会常务委员会委员、有关方面负责同志以及党的十九大代表中的部分基层同志和专家学者，分成10个小组，围绕中央政治局工作报告和建议讨论稿展开讨论。大家争相发言，气氛热烈，充分发扬党内民主。出席会议的198名中央委员中189人发言，166名候补中央委员全部发言，153名列席人员中151人发言，不少人多次发表了意见和建议。

与会同志一致表示，在新时代中国特色社会主义事业砥砺奋进中，习近平总书记以马克思主义政治家的恢弘气魄、远见卓识、雄韬伟略，惊涛骇浪中坚如磐石，风险挑战中运筹帷幄，充分展现了大国领袖的政治智慧、战略定力、使命担当、为民情怀、领导艺术，赢得了全党全军全国各族人民的衷心爱戴和高度信赖。有习近平总书记作为党中央的核心、全党的核心领航掌舵，有全党全国各族人民团结一心、顽强奋斗，我们就一定能够战胜前进道路上出现的各种艰难险阻。

与会同志一致认为，规划建议从全局和战略高度对我国中长期发展进行战略擘画，以理论武装引领整体设计，以洞察大势引领全盘布局，以目标愿景引领宏伟征程，兼顾谋当下与图长远、固根本与扬优势、驭变局与开新局，系统回答新发展阶段实现什么样的发展、怎样实现发展等一系列重大问题，通篇贯穿马克思主义立场观点方法，展现出强大的思想力量、真理力量、实践力量。

经过两天半的充分讨论，与会代表共提出修改意见290余条。文件起草组根据这些意见，对建议稿作出31处修改。

28日晚上，习近平总书记主持召开中央政治局常委会会议，审议建议修改稿。

29日上午，建议修改稿再次提交全会讨论。文件起草组吸收与会代表新的意见建议，又对建议稿作出修改，最终形成建议表决稿。

29日下午，全会正式审议通过了这份建议。

"全会通过的《建议》，是开启全面建设社会主义现代化国家新征程、向第二个百年奋斗目标进军的纲领性文件，是今后5年乃至更长时期我国经济社会发展的行动指南。"习近平总书记在十九届五中全会第二次全体会议上强调指出。

迈入新发展阶段、贯彻新发展理念、构建新发展格局，规划建议将指引中国实现高质量发展

2020年11月3日，新华社受权播发规划建议全文。

思想有多深，实践就能走多远。

深刻认识新发展阶段、全面贯彻新发展理念、着力构建新发展格局——这三个"新"，构成了规划建议全文的逻辑主线，体现着习近平总书记关于中国未来发展的深邃思考。

"这三个'新'的提法不是从石头缝里蹦出来的，而是充分体现了我们党对中国这样一个有着14亿人口大国迈向现代化强国的战略思考，是对习近平新时代中国特色社会主义思想的进一步丰富和发展。"一位起草组成员说。

发展，是解决我国一切问题的基础和关键。

从判断我国经济发展正处在"三期叠加"的特定阶段到提出经济发展进

入新常态,从提出新发展理念到推进供给侧结构性改革,再到党的十九大明确我国经济发展已由高速增长阶段转向高质量发展阶段……

习近平总书记关于中国特色社会主义新时代我国不同发展阶段的论断一脉相承,表明我们党对经济发展阶段性特征的认识不断深化,充满着历史纵深感、与时俱进的时代感。

——新发展阶段之"新",就在于中国进入了全面建设社会主义现代化国家、向第二个百年奋斗目标进军的阶段,这在我国发展进程中具有里程碑意义。

实现更加充分更高质量就业、实现高质量引进来和高水平走出去、推动共建"一带一路"高质量发展、建设高质量教育体系……翻开规划建议,一幅幅高质量发展的新图景跃然纸上。

"高质量发展不能只是一句口号,更不是局限于经济领域";

"要研究经济社会发展目标如何充分体现高质量发展的要求";

"当前制约高质量发展的体制机制障碍还不少,改革潜力有待进一步释放"……

文件起草过程中,习近平总书记的一系列重要讲话精神,传递一个鲜明指向:"十四五"乃至今后更长时期,以推动高质量发展为主题要体现在国家发展的各领域和全过程。

——新发展理念之"新",就在于党的十八大以来、特别是"十三五"以来,被实践证明科学有效的新发展理念,将继续引领"十四五"时期的发展,保证新发展阶段走稳走深走实。

理念是行动的先导,管全局、管根本、管方向、管长远。

"十三五"规划建议中,创新、协调、绿色、开放、共享五大发展理念如一条主线主导布局,统领全篇;

适应新形势新要求的"十四五"规划建议,则将五大发展理念化作一条论述逻辑线,如经脉串联起各章节的枝枝叶叶,推动新发展理念在更深更广层面落细落实。

这是文件中一个别具深意的安排——在规划建议的12个方面重大任务部分，"坚持创新驱动发展"被放在了最前面。

"如同'十三五'把创新发展放在'集装箱式'块状结构的第一部分，'十四五'规划建议的这一安排，进一步表明我们党对创新发展的极端重视，尤其是大变局下的大国博弈，更坚定我们走科技自立自强的创新发展道路决心。"起草组成员这样认为。

"抓住了创新，就抓住了牵动经济社会发展全局的'牛鼻子'。"习近平总书记反复强调，要像当年攻克"两弹一星"一样，集中力量攻克"卡脖子"的关键核心技术。

在起草创新发展部分的重要内容时，习近平总书记给予进一步指导，强调"十四五"时期要加强系统谋划，集中优势兵力，敢于抢抓机遇，"尽快冲出重围，一个山头一个山头攻下来"。

坚持创新在我国现代化建设全局中的核心地位，强化国家战略科技力量；

坚持实施区域重大战略、区域协调发展战略、主体功能区战略，构建高质量发展的国土空间布局和支撑体系；

坚持绿水青山就是金山银山理念，促进经济社会发展全面绿色转型，建设人与自然和谐共生的现代化；

坚持实施更大范围、更宽领域、更深层次对外开放，依托我国大市场优势，促进国际合作，实现互利共赢；

坚持把实现好、维护好、发展好最广大人民根本利益作为发展的出发点和落脚点，促进人的全面发展和社会全面进步；

……

"规划建议中的这些重大部署进一步表明，新发展理念将贯穿发展全过程和各领域，强调要在质量变革、效率变革、动力变革的基础上，实现更高质量、更有效率、更加公平、更可持续、更为安全的发展，这反映出我们党对发展规律的更深刻认识。"一位起草组成员说。

——新发展格局之"新"，就在于这一新战略部署，是适应我国新发展阶段要求、塑造国际合作和竞争新优势的必然选择。

"构建以国内大循环为主体、国内国际双循环相互促进的新发展格局。"今年习近平总书记主持召开的第七次、第八次中央财经委会议，都与谋划新发展格局有关。自今年5月以来，习近平总书记在不同场合反复提到的这一新战略部署，成为规划建议的重要内容。

这是否是中国迫于外部形势的无奈之举、被动之举？是否意味着中国扩大开放政策将发生改变？

面对各方关切，习近平总书记明确指出：

"改革开放以来，我们遭遇过很多外部风险冲击，最终都能化险为夷，靠的就是办好自己的事、把发展立足点放在国内。"

"我们强调集中力量办好自己的事情，强调以国内大循环为主体，绝不是要关起门来搞建设，而是要在国际环境发生重大变化的情况下进行总体性应对，以顺畅的国内大循环形成对全球资源要素的引力场，形成参与国际竞争和合作新优势。"

坚持扩大内需这个战略基点，以深化供给侧结构性改革为主线，坚持把发展经济着力点放在实体经济上，畅通国内大循环，促进国内国际双循环，全面促进消费，拓展投资空间……规划建议的一系列部署，将在构建新发展格局中开拓发展新境界。

新发展阶段、新发展理念、新发展格局背后，始终贯穿着两件大事：统筹发展和安全。

实施国家安全战略、防范和化解影响我国现代化进程的各种风险……规划建议中关于"安全"的提法和系统部署，彰显着我们党在实践中不断完善的总体国家安全观。

"越是开放越要重视安全，统筹好发展和安全两件大事，增强自身竞争能力、开放监管能力、风险防控能力。"习近平总书记强调。

下好先手棋，打好主动仗。规划建议彰显了以习近平同志为核心的党中央总揽全局和守正创新，将为中国在新时代新征程上开好局、起好步发挥统领作用。

永葆初心使命，坚持以人民为中心的发展思想，不断满足人民美好生活需要

"十四五"规划建议对人民群众意味着什么？

习近平总书记这样生动阐述："为了不断满足人民群众对美好生活的需要，我们就要不断制定新的阶段性目标，一步一个脚印沿着正确的道路往前走。"

不断满足人民对美好生活的向往和需求，正是起草"十四五"规划建议的价值基点，也是我们党治国理政的出发点和落脚点。

"十四五"开启之时，恰逢中国共产党建党百年。

百年风雷激荡，中国共产党始终以为人民谋幸福、为民族谋复兴为初心和使命。此次起草规划建议的过程，也无时无刻不澎湃着赤诚火热的为民之心。

研读全会规划建议，扑面而来的是浓郁的人民情怀，贯穿始终的是以人民为中心的发展思想。

发展为了人民——

文件起草期间，正值新冠肺炎疫情肆虐之际。

习近平总书记指出，"这次应对新冠肺炎疫情，暴露出我国在重大疫情防控体制机制、公共卫生体系等方面存在的一些短板"。广大人民群众也对补齐发展短板有高度期待。

民有所呼，党有所应。

规划建议中有关公共卫生体系建设的论述篇幅，占到"全面推进健康中国建设"内容的一半以上。习近平总书记还亲自提出，科技创新要增加"面向人民生命健康"的要求，这进一步凸显中国共产党对生命的尊重、对人民的关爱。

一名起草组成员介绍："起草本次全会文件的时候，我们始终秉持这样一条原则——是否能够真正增进人民福祉。"

习近平总书记曾深刻指出,"党中央的政策好不好,要看乡亲们是哭还是笑。"

百姓期盼天更蓝、山更绿、水更清、环境更优美,这份规划建议就提出了促进经济社会发展全面绿色转型的一系列新举措;

贫困群众脱贫后仍有返贫风险,规划建议就提出建立农村低收入人口和欠发达地区帮扶机制、健全防止返贫监测和帮扶机制等具体举措,实现巩固拓展脱贫攻坚成果同乡村振兴有效衔接;

高速城市化进程中老旧小区暴露出治理困境,规划建议就对我国实施城市更新行动作出部署,努力让城市"有里有面"、百姓安居乐业……

据文件起草组介绍,规划建议提出的12个方面重大任务中,改善人民生活品质、提高社会建设水平所占的篇幅最大。可以说,规划建议中的一切发展政策都以人民利益为出发点和落脚点。

发展依靠人民——

网友"问琴知雅意"从未想到,听起来十分"高大上"的"十四五"规划建议,也有自己的一份"功劳"。

8月中旬,当看到几家中央媒体推出建言"十四五"专栏时,"问琴知雅意"便在央视网建言专栏上留言:

"养老问题已经成为社会保障的热点,农村养老更是困中之困,农村老龄化更为严重,探索有效的农村特色养老模式非常必要""为农村老年人提供家门口的照料、医疗、娱乐服务"。

几乎同一时间,一位网名为"云帆"的网友在人民网建言专栏上建议:

"乡村振兴应该先从农村互助养老开始,让留守老人有归宿、让进城子女在城里能安心创业。在农村人口聚集区域,由政府财政投入建设公共食堂、公共宿舍,有意愿的老人都可以免费居住、生活在一起,年龄小的、有能力的老人照顾年龄大的、能力弱的老人,形成互助养老模式。"

网友们的建议,很快就送到了文件起草组案头,并得到起草组同志高度重视。

经过统筹考虑研究，规划建议把积极应对人口老龄化从卫生健康领域单列出来，作为单独的一条"实施积极应对人口老龄化国家战略"。同时，网友建议的"互助性养老"模式也正式写入了文件。

从群众中来，到群众中去。规划建议充分汲取了人民群众智慧，也必将凝聚起广大干部群众撸起袖子加油干的强大合力。

发展成果由人民共享——

中国共产党是以马克思主义理论武装起来的政党，对社会主义本质有着清醒的认识：解放生产力，发展生产力，消灭剥削，消除两极分化，最终实现共同富裕。

"我们追求的发展是造福人民的发展，我们追求的富裕是全体人民共同富裕。改革发展搞得成功不成功，最终的判断标准是人民是不是共同享受到了改革发展成果。"习近平总书记话语坚定。

经过数十年高速发展，我国历史性地解决了绝对贫困问题，促进共同富裕的基础和条件比以往更加厚实。

在规划建议中，我们党第一次在全会文件中突出强调"扎实推动共同富裕"，同时下了更大力气促进共享发展——

"加大对欠发达地区财力支持，逐步实现基本公共服务均等化""推进以县城为重要载体的城镇化建设""千方百计稳定和扩大就业""推动义务教育均衡发展和城乡一体化"……

规划建议还在收入分配领域出台一系列政策组合拳："提高劳动报酬在初次分配中的比重""着力提高低收入群体收入，扩大中等收入群体""多渠道增加城乡居民财产性收入""合理调节过高收入，取缔非法收入"……

生活在伟大祖国和伟大时代的中国人民，享有同祖国共发展、与时代同进步的无限机遇。

时代大潮，澎湃向前。

从1953年至今，14个五年规划（计划）勾勒着中国从一穷二白到繁荣富强的伟大飞跃，也贯穿着一个百年大党一以贯之的主题：把我国建设成为社会主义现代化国家!

站在新的重大历史关口,中华民族伟大复兴将向前迈出更大的步伐,14亿中国人民携手迈入现代化社会,逐步实现共同富裕,将是人类历史上一件影响深远的大事。

"这是何其远大的目标,何其宏伟的蓝图!"参加全会的一位中央委员动情地说,"百年大党的初心使命,就浓缩在这份规划建议中。这个伟大愿景不仅会造福14亿中国人民,更将深刻影响整个世界!"

全面建成小康社会—社会主义现代化国家—社会主义现代化强国,一步一个脚印,一步一个台阶。历史的接力棒,交到了新时代中国共产党人手中。

在以习近平同志为核心的党中央坚强领导下,深刻认识新发展阶段、全面贯彻新发展理念、着力构建新发展格局,亿万人民团结一心不懈奋斗,中国,必将在现代化新征程上再创让世界刮目相看的更大奇迹!

(新华社北京2020年11月4日电　新华社记者赵承、霍小光、韩洁、林晖)

"一次具有全局性、历史性意义的重要会议"
——中共中央举行新闻发布会解读党的十九届五中全会精神

中国共产党第十九届中央委员会第五次全体会议，于2020年10月26日至29日在北京举行。全会审议通过了《中共中央关于制定国民经济和社会发展第十四个五年规划和二〇三五年远景目标的建议》。

中共中央于10月30日上午举行新闻发布会，介绍党的十九届五中全会精神。

规划《建议》在习近平总书记亲自领导下制定

"这次全会是在我国将进入新发展阶段、实现中华民族伟大复兴正处在关键时期召开的一次具有全局性、历史性意义的重要会议。"中央宣传部分管日常工作的副部长王晓晖在介绍全会重大意义时指出。

王晓晖说，全会最重要的成果，就是审议通过了《中共中央关于制定国民经济和社会发展第十四个五年规划和二〇三五年远景目标的建议》。规划《建议》是开启全面建设社会主义现代化国家新征程、向第二个百年奋斗目标进军的纲领性文件，是今后5年乃至更长时期我国经济社会发展的行动指南。

中央财经委员会办公室分管日常工作的副主任韩文秀说，规划《建议》是在习近平总书记亲自领导下制定的。

他介绍说，今年3月，中共中央政治局决定党的十九届五中全会审议

"十四五"规划建议，成立了文件起草组，由习近平总书记担任组长，李克强、王沪宁、韩正同志担任副组长。7个月来，习近平总书记先后主持召开两次中央政治局会议、三次中央政治局常委会会议、两次起草组会议，研究审议规划《建议》稿的总体框架、基本思路、指导原则和重要内容。习近平总书记发表一系列重要讲话，作出很多重要的批示指示，为规划《建议》稿的起草把握大方向、确定大思路、提出大战略。习近平总书记亲力亲为，多次到地方和基层深入调研，亲自听取社会各界的意见和建议，多次亲自修改审定文件稿，进行战略谋划，倾注了大量心血，确保了规划《建议》稿的起草得以高质量完成。

韩文秀说，规划《建议》的一个重要特点是坚持发扬民主、开门问策、集思广益。"这次征求意见范围之大、参与人数之多、形式之多样，是前所未有的。规划《建议》的制定是我国社会主义民主的生动实践，是科学决策、民主决策的重要体现。"

"规划《建议》的核心要义体现在三个'新'上，就是新发展阶段、新发展理念、新发展格局。"韩文秀强调。

他介绍，规划《建议》的起草主要把握五条原则：一是处理好继承和创新的关系，做好"两个一百年"奋斗目标有机衔接。二是处理好政府和市场的关系，更好发挥我国的制度优势。三是处理好开放和自主的关系，更好地统筹国内国际两个大局。四是处理好发展和安全的关系，确保不发生影响现代化进程的系统性风险。五是处理好战略和战术的关系，做到既高瞻远瞩又务实管用。

实现2035年远景目标三件事情特别重要

全会提出了到2035年基本实现社会主义现代化远景目标。韩文秀说，规划《建议》把"十四五"发展作为重点，同时对2035年远景目标进行展望。这有利于明确前进方向，凝聚社会共识，把短期、中期、长期发展目标衔接协调统一起来，增强战略一致性。

"关键还是要练好内功，立足于社会主义初级阶段的基本国情，着力办好中国自己的事。我们要办的事很多，千头万绪，有三件事情特别重要，就是改革、开放、创新。"他说。

国家发展和改革委员会党组成员、副主任，国家统计局党组书记、局长宁吉喆说，"十四五"中国经济社会发展的主要目标，可以概括为"六个新"：经济发展取得新成效，改革开放迈出新步伐，社会文明程度得到新提高，生态文明建设实现新进步，民生福祉达到新水平，国家治理效能得到新提升。

宁吉喆表示，在党中央、国务院的领导下，国家发展改革委将按照五中全会的精神，认真做好制定国家"十四五"规划纲要有关工作，根据规划《建议》确定的大方向、大战略，在认真测算的基础上提出相应的量化目标和具体指标，推动经济实现量的合理增长和质的稳步提升，为全面建设社会主义现代化国家开好局、起好步。

扎实推动共同富裕

顺应亿万群众的期盼，规划《建议》对增进民生福祉、改善人民生活品质提出了一些重要要求和重大举措。

宁吉喆说，在就业方面，将强化就业优先政策，扩大就业容量，完善重点群体就业支持体系，实现更充分更高质量的就业；在收入方面，将提高人民收入水平，多渠道增加城乡居民收入，保持居民收入与经济增长基本同步；在教育方面，将建设高质量教育体系，推动义务教育均衡发展和城乡一体化，促进全民受教育程度不断提升；在文化体育方面，将广泛开展群众性文化活动，广泛开展全民健身运动；在健康方面，将全面推进健康中国建设，加快优质医疗资源扩容和区域均衡布局，使卫生健康体系更加完善；在养老方面，将实施积极应对人口老龄化国家战略，促进人口长期均衡发展，健全基本养老服务体系；在社保方面，将健全覆盖全民、统筹城乡、公平统一、可持续的多层次社会保障体系。

规划《建议》首次把全体人民共同富裕取得更为明显的实质性进展作为远景目标提出，引人关注。

宁吉喆说，"十四五"时期将按照规划《建议》的要求，扎实推动共同富裕，坚持按劳分配为主体、多种分配方式并存，提高劳动报酬在初次分配中的比重，健全工资合理增长机制，着力提高低收入群体的收入，扩大中等收入群体；完善按要素分配政策制度，增加中低收入群体的要素收入；完善再分配机制，加大税收、社保、转移支付等调节力度和精准性；发挥第三次分配的作用，发展慈善事业。

坚持创新在现代化建设全局中的核心地位

科学技术部党组书记、部长王志刚说，中国进入新的发展阶段，需要新的发展理念，构建新的发展格局。规划《建议》中提出坚持创新在我国现代化建设全局中的核心地位，把科技自立自强作为国家发展的战略支撑，摆在各项规划任务的首位，进行专章部署。

"这是我们党编制五年规划建议历史上的第一次，也是以习近平同志为核心的党中央把握世界发展大势、立足当前、着眼长远作出的战略布局。"他说。

王志刚表示，面向未来，我们要增强创新的自信心，抢抓新一轮科技革命和产业变革的重大机遇，面向世界科技前沿、面向经济主战场、面向国家重大需求、面向人民生命健康，加快走出一条从人才强、科技强到产业强、经济强、国家强的创新发展新路径，加快跻身创新型国家前列和建设世界科技强国。

构建新发展格局是主动作为、长期战略

韩文秀说，构建新发展格局在规划《建议》中具有纲举目张的作用。提出构建以国内大循环为主体、国内国际双循环相互促进的新发展格局，是我们党对经济发展客观规律的正确把握和实践运用。这是主动作为，不是被动应对；是长期战略，不是权宜之计。

"新发展格局强调的是国内国际双循环，不是国内经济的单循环。国内循环也是建立在国内统一大市场基础上的大循环，不是每个地方都搞自我小循环。"他说。

从战略和全局上对文化建设规划设计

王晓晖说，全会对文化建设高度重视，从战略和全局上作了规划和设计。其中，最重要的，就是明确提出到2035年建成文化强国。这是党的十七届六中全会提出建设社会主义文化强国以来，党中央首次明确了建成文化强国的具体时间表。

王晓晖说，规划《建议》还专门用一个部分对文化建设进行部署，提出今后5年文化建设的基本思路，部署了三个方面的重点任务：一是提高社会文明程度，二是提升公共文化服务水平，三是健全现代文化产业体系。

坚持党的全面领导、加强党中央集中统一领导是"十四五"经济社会发展必须遵循的首要原则

中央政策研究室主任江金权说，全会着重强调坚持党的全面领导、加强党中央集中统一领导，而且作为"十四五"经济社会发展必须遵循的首要原则来加以强调，因为坚持党的全面领导、加强党中央集中统一领导是实现"十四五"时期经济社会发展目标最重要的保证。办好中国的事情关键在党，由中国共产党来领导中华民族伟大复兴事业，是历史和人民的选择，具有充分的历史依据、理论依据、现实依据。

江金权说，"十四五"时期乃至更长时期，我国经济社会发展将面临极其复杂的国际形势，要破解许多难题，会面临一系列风险挑战。越是这样，就越离不开中国共产党这个指引方向的指南针、凝心聚力的主心骨、社会稳定的压舱石，就越要坚持和加强党的全面领导。

30日举行的新闻发布会，是首场中共中央新闻发布会。中央宣传部副部长、国务院新闻办公室主任徐麟说，建立中共中央新闻发布制度，是在中国特色社会主义进入新时代的历史条件下，适应形势发展和时代要求，坚持和加强党的全面领导、提高党的治国理政能力的重要制度安排和制度创新。

（新华社北京 2020 年 10 月 30 日电　新华社记者安蓓、陈炜伟）

向第二个百年奋斗目标进军的行动指南
——解读《中共中央关于制定国民经济和社会发展第十四个五年规划和二〇三五年远景目标的建议》

11月3日,新华社受权播发党的十九届五中全会审议通过的《中共中央关于制定国民经济和社会发展第十四个五年规划和二〇三五年远景目标的建议》。

15个部分、60条、约2万字,这份习近平总书记亲自领导制定的规划《建议》,是开启全面建设社会主义现代化国家新征程、向第二个百年奋斗目标进军的纲领性文件,是今后五年乃至更长时间中国经济社会发展的行动指南。

站在"两个一百年"奋斗目标的历史交汇点上,这份新时代新征程的逐梦蓝图不仅关乎14亿中国人民的未来福祉,更将为全世界发展带来更多"中国机遇"!

一个新奋斗目标:全面建设社会主义现代化国家

在我国全面建成小康社会之后,"十四五"将开启我国全面建设社会主义现代化国家新征程,吹响了向第二个百年奋斗目标进军的号角。

党的十九大对实现第二个百年奋斗目标作出分两个阶段推进的战略安排。作为这一战略安排的具体落实,规划《建议》通过9个方面的具体描绘,勾勒出一幅到2035年基本实现社会主义现代化的美好画卷——

我国经济实力、科技实力、综合国力将大幅跃升；建成现代化经济体系；基本实现国家治理体系和治理能力现代化；国家文化软实力显著增强；美丽中国建设目标基本实现；形成对外开放新格局；人均国内生产总值达到中等发达国家水平；平安中国建设达到更高水平；全体人民共同富裕取得更为明显的实质性进展……

"中国'十四五'规划具有很强的未来导向性，需要面向更加长远的未来，而不仅仅是未来五年。"路透社如此评价。

中央财经委员会办公室分管日常工作的副主任韩文秀说，规划《建议》把"十四五"发展作为重点，同时对2035年远景目标进行展望。这有利于明确前进方向，凝聚社会共识，把短期、中期、长期发展目标衔接协调统一起来，增强战略一致性。

统筹两件大事：发展和安全

站在历史关口，一边是中华民族伟大复兴的战略全局，一边是世界百年未有之大变局，中国如何走好下一程？

贯穿规划《建议》的一条重要思想线索给出回答：统筹好发展和安全两件大事，集中精力办好自己的事。

安全是发展的前提，发展是安全的保障。

"统筹发展和安全""坚持总体国家安全观""防范和化解影响我国现代化进程的各种风险"……规划《建议》大篇幅部署发展重大任务的同时，围绕"安全"作出系统部署。

中国国际经济交流中心学术委员会委员王军说，当今世界正经历百年未有之大变局，我国发展不平衡不充分问题仍然突出。要增强忧患意识，坚持底线思维，把难点和复杂性估计得更充分一些，把各种风险想得更深入一些，注意堵漏洞、强弱项，下好先手棋，打好主动仗。

三个"新"贯穿全文：新发展阶段、新发展理念、新发展格局

仔细研读规划《建议》，一条主线贯通全文：新发展阶段、新发展理念、新发展格局。

韩文秀强调，这三个"新"体现了规划《建议》的核心要义。

习近平总书记在11月2日的中央深改委第十六次会议上强调，"十四五"时期我国将进入新发展阶段。

中国国际经济交流中心首席研究员张燕生说，通读规划《建议》，"十四五"开启的新发展阶段，就是全面建设社会主义现代化国家、向第二个百年奋斗目标进军的新阶段。

适应新发展阶段，离不开新发展理念来指引，需要构建适应新阶段的新发展格局。

"坚定不移贯彻创新、协调、绿色、开放、共享的新发展理念""加快构建以国内大循环为主体、国内国际双循环相互促进的新发展格局"……规划《建议》在"十四五"时期经济社会发展指导思想中强调。

坚持扩大内需这个战略基点，加快培育完整内需体系，把实施扩大内需战略同深化供给侧结构性改革有机结合起来，以创新驱动、高质量供给引领和创造新需求……规划《建议》还亮出了构建新发展格局的"施工图"。

中国政策科学研究会经济政策委员会副主任徐洪才说，以"十三五"行之有效的新发展理念为指引，着力构建新发展格局，不仅将引领中国新发展阶段走深走实走稳，也将助力全球经济复苏，给世界带来更多机遇，是对习近平新时代中国特色社会主义思想的进一步丰富和发展。

"四个全面"新布局：开启全面建设社会主义现代化国家新征程

翻开规划《建议》，"十四五"战略布局有了新表述——

协调推进全面建设社会主义现代化国家、全面深化改革、全面依法治国、

全面从严治党的战略布局。

中央党校（国家行政学院）教授辛鸣说，从"全面建成小康社会"到"全面建设社会主义现代化国家"，宣告中国即将开启崭新的发展征程，体现了我们党对发展阶段性特征认识的不断深入。

新发展阶段，正是改革新关头。规划《建议》围绕全面深化改革作出新部署：激发各类市场主体活力，完善宏观经济治理，建立现代财税金融体制，建设高标准市场体系，加快转变政府职能。

王军说，"十四五"全面深化改革，要更加注重制度和治理体系建设，更多解决深层次机制体制问题，更好增强改革的系统性、整体性、协同性。

落实全面从严治党主体责任、监督责任，提高党的建设质量；全面贯彻新时代党的组织路线；锲而不舍落实中央八项规定精神；坚持法治国家、法治政府、法治社会一体建设……规划《建议》围绕全面从严治党、全面依法治国作出系列部署。

中央政策研究室主任江金权说，坚持党的全面领导、加强党中央集中统一领导是实现"十四五"时期经济社会发展目标最重要的保证。办好中国的事情关键在党，由中国共产党来领导中华民族伟大复兴事业，是历史和人民的选择，具有充分的历史依据、理论依据和现实依据。

五大新发展理念：指引"十四五"高质量发展

规划《建议》的核心，用12个部分展现"十四五"发展的重大任务，背后贯穿着一条清晰的逻辑线——坚定不移贯彻创新、协调、绿色、开放、共享的新发展理念。

12个方面的重大任务，"坚持创新驱动发展"被放在了第一位。

坚持创新在我国现代化建设全局中的核心地位，把科技自立自强作为国家发展的战略支撑……规划《建议》把创新摆在各项规划任务的首位，进行专章部署。

"这是我们党编制五年规划建议历史上的第一次,也是以习近平同志为核心的党中央把握世界发展大势、立足当前、着眼长远作出的战略布局。"科学技术部部长王志刚说。

"企业是创新的主体和生力军,也是创新成果的使用者和受益者,下一步要力争在关键领域实现重大突破,更好助力建设科技强国。"伊利集团党委书记、董事长潘刚说。

综观规划《建议》,协调、绿色、开放、共享的理念体现高质量发展的要求——

优化国土空间布局,推进区域协调发展和新型城镇化;

推动绿色发展,促进人与自然和谐共生;

实行高水平对外开放,开拓合作共赢新局面;

改善人民生活品质,提高社会建设水平;

……

"规划《建议》充分彰显新发展理念贯穿未来发展全过程和各领域,指明未来蓝图变为现实的路径,指引中国朝着高质量发展方向坚定前行,让发展成果惠及亿万人民。"王军说。

六个发展目标:勾画"十四五"发展新图景

"十四五"时期作为开启全面建设社会主义现代化国家新征程的第一个五年,能否开好局、起好步至关重要。

规划《建议》从六个"新"提出了"十四五"时期经济社会发展的主要目标:

经济发展取得新成效,改革开放迈出新步伐,社会文明程度得到新提高,生态文明建设实现新进步,民生福祉达到新水平,国家治理效能得到新提升。

"中央锚定2035年远景目标,综合考虑国内外发展趋势和我国发展条件提出主要目标,为'十四五'时期经济社会发展搭建宏观框架,为建设社会主义现代化国家找准突破口和着力点。"辛鸣说。

围绕社会文明程度得到新提高，规划《建议》提出，公共文化服务体系和文化产业体系更加健全，人民精神文化生活日益丰富，中华文化影响力进一步提升等。

中宣部分管日常工作的副部长王晓晖说，规划《建议》不仅明确提出到2035年建成文化强国，还用专门一个部分对文化建设进行部署，提出今后五年文化建设的基本思路和重点任务，显示了我们党对文化建设的高度重视。

当前，我国人均国内生产总值超过1万美元，中等收入群体超过4亿人，"十四五"时期将是我国迈向高收入国家的关键时期。规划《建议》在收入分配领域打出一套政策"组合拳"，包括健全工资合理增长机制，着力提高低收入群体收入，扩大中等收入群体，多渠道增加城乡居民财产性收入等，向着"扎实推动共同富裕"迈出有力步伐。

国家发展改革委副主任、国家统计局局长宁吉喆表示，在党中央、国务院领导下，国家发展改革委将按照五中全会精神，认真做好制定国家"十四五"规划纲要有关工作，根据规划《建议》确定的大方向、大战略，在认真测算的基础上提出相应的量化目标和具体指标，推动经济实现量的合理增长和质的稳步提升，为全面建设社会主义现代化国家开好局、起好步。

（新华社北京2020年11月3日电　新华社记者韩洁、吴雨、侯雪静、王琦、陈炜伟）

开启全面建设社会主义现代化国家新征程
——从党的十九届五中全会看中国未来发展

中国共产党第十九届中央委员会第五次全体会议,于 2020 年 10 月 26 日至 29 日在北京举行。全会审议通过了《中共中央关于制定国民经济和社会发展第十四个五年规划和二〇三五年远景目标的建议》。

面向未来,全会及其通过的建议擘画了中国未来 5 年以及 15 年的发展新蓝图,宣示了以习近平同志为核心的党中央带领全党全国各族人民同心同德、顽强奋斗,夺取全面建设社会主义现代化国家新胜利的坚定决心。

迈向新奋斗目标　全面建设社会主义现代化国家

翻开五中全会公报,一个提法引人关注——

在"十四五"战略布局的表述中,明确提出协调推进全面建设社会主义现代化国家、全面深化改革、全面依法治国、全面从严治党的战略布局。

中国国际经济交流中心首席研究员张燕生说,党的十九届五中全会昭示我国即将迈入全面建设社会主义现代化国家的新发展阶段,开启第二个百年奋斗目标的新征程,对于中华民族伟大复兴具有重要意义。

全会提出了到二〇三五年基本实现社会主义现代化远景目标,描绘出一幅壮阔蓝图:

"我国经济实力、科技实力、综合国力将大幅跃升,经济总量和城乡居民人均收入将再迈上新的大台阶""基本实现新型工业化、信息化、城镇化、农业现代化,建成现代化经济体系""基本实现国家治理体系和治理能力现代化""人均国内生产总值达到中等发达国家水平,中等收入群体显著扩大"……

全会提出了"十四五"时期经济社会发展指导思想和必须遵循的原则,并提出经济社会发展主要目标。

清华大学中国发展规划研究院执行副院长董煜说,这体现了远景目标和 5 年目标相结合的发展思路。我们党对发展的规律有了更深刻的认识,把握发展的方向也更加从容。全会对"十四五"时期经济社会发展的擘画,为全面建设社会主义现代化国家开好局、起好步。

以推动高质量发展为主题,以深化供给侧结构性改革为主线,以改革创新为根本动力,以满足人民日益增长的美好生活需要为根本目的……中国"十四五"发展指向更加清晰。

坚持新发展理念　勾勒发展路径图

"坚定不移贯彻创新、协调、绿色、开放、共享的新发展理念""不断提高贯彻新发展理念、构建新发展格局能力和水平"……全会公报中,"新发展理念"得到鲜明彰显。

全会提出"坚持创新在我国现代化建设全局中的核心地位""加快发展现代产业体系,推动经济体系优化升级""形成强大国内市场,构建新发展格局""全面深化改革,构建高水平社会主义市场经济体制"等 12 个方面的部署。

"这 12 个方面结合新发展阶段的新要求,体现坚持贯彻新发展理念、构建新发展格局的时代内涵。"董煜说。

经济社会发展和民生改善比过去任何时候都更加需要增强创新这个第一动力。中国电子信息产业发展研究院副院长王鹏说,面对激烈的国际竞争,面向世界科技前沿、面向经济主战场、面向国家重大需求、面向人民生命健康，必须加快完善国家创新体系，建设科技强国。

"推进产业基础高级化、产业链现代化""把实施扩大内需战略同深化供给侧结构性改革有机结合起来""推动有效市场和有为政府更好结合""推动形成工农互促、城乡互补、协调发展、共同繁荣的新型工农城乡关系""促进经济社会发展全面绿色转型"……一系列重要提法标注发展新动向。

坚持人民至上 共同富裕取得更为明显的实质性进展

改善人民生活品质，不断增强人民群众获得感、幸福感、安全感，促进人的全面发展和社会全面进步……细读公报，"人民"二字贯穿始终，充分彰显中国共产党以人民为中心的执政理念。

发展好不好，人民群众最有发言权。针对收入、就业、教育、养老等百姓高度关注的民生课题，全会进行了系统性部署。

瞻望二〇三五年，全会提出"人的全面发展、全体人民共同富裕取得更为明显的实质性进展"，令人振奋。

在"十四五"时期经济社会发展主要目标中，全会明确提出，民生福祉达到新水平，实现更加充分更高质量就业，居民收入增长和经济增长基本同步，分配结构明显改善，基本公共服务均等化水平明显提高，全民受教育程度不断提升，多层次社会保障体系更加健全，卫生健康体系更加完善……

国务院发展研究中心宏观部第二研究室副主任李承健注意到，全会提出实施积极应对人口老龄化国家战略。"针对人口老龄化积极应对，彰显党中央对我国人口形势的精准研判和中长期发展的深谋远虑。"

脱贫攻坚成果巩固拓展，乡村振兴战略全面推进；推进以人为核心的新型城镇化；促进满足人民文化需求和增强人民精神力量相统一；促进人与自然和谐共生……围绕以人民为中心，一系列具体任务精准发力。

"以满足人民日益增长的美好生活需要作为发展的根本目的；坚持以人

民为中心,是发展必须遵循的原则。"张燕生说,面对我国社会主要矛盾变化带来的新特征新要求,要坚持把实现好、维护好、发展好最广大人民根本利益作为发展的出发点和落脚点。

统筹发展和安全　把握重要战略机遇期

在全会提出的"十四五"时期经济社会发展指导思想和必须遵循的原则中,"统筹发展和安全"引人关注。

"当前和今后一个时期,我国发展仍然处于重要战略机遇期,但机遇和挑战都有新的发展变化。"全会作出重要判断。

当今世界正经历百年未有之大变局,国际力量对比深刻调整,和平与发展仍然是时代主题,同时国际环境日趋复杂,不稳定性不确定性明显增加。我国已转向高质量发展阶段,继续发展具有多方面优势和条件,同时发展不平衡不充分问题仍然突出。

"在对机遇和挑战的发展变化进行充分认识的基础上,全会强调我国发展仍然处于重要战略机遇期,凸显党中央实现发展的底气。我们要保持战略定力,办好自己的事,加快构建新发展格局。"张燕生说。

安全是发展的前提,发展是安全的保障。全会指出,坚持总体国家安全观,实施国家安全战略,维护和塑造国家安全,统筹传统安全和非传统安全,把安全发展贯穿国家发展各领域和全过程,防范和化解影响我国现代化进程的各种风险,筑牢国家安全屏障。

"我们党一贯强调忧患意识,全会部署体现了党对新发展阶段的更深刻认识。"李承健说,要坚持底线思维,提高抵御各种风险的能力,在危机中育先机、于变局中开新局。

(新华社北京 2020 年 10 月 29 日电　新华社记者韩洁、安蓓、陈炜伟、张辛欣、刘红霞、林晖)

坚持创新核心地位　发展现代产业体系
——学习贯彻党的十九届五中全会精神

"把科技自立自强作为国家发展的战略支撑""推动经济体系优化升级"。党的十九届五中全会坚持新发展理念，坚持创新在我国现代化建设全局中的核心地位，对推动创新发展、建设科技强国、发展现代产业体系作出一系列重大部署，为推动高质量发展提供重要遵循。

创新是引领发展的第一动力。"十三五"时期，我国研发投入强度从2.06%增长到2.23%，基础研究经费增长近一倍，全球创新指数排名从第29位升至第14位，重大创新成果竞相涌现，创新型国家建设取得重大进展。同时也要看到，我国创新能力还不适应高质量发展要求，产业体系还存在短板和弱项。在全面建设社会主义现代化国家新征程上，抢抓新一轮科技革命和产业变革的重大机遇，构建新发展格局、塑造发展新优势，更加需要创新的力量，充分发挥科技创新在百年未有之大变局中的关键变量作用、在中华民族伟大复兴战略全局中的支撑引领作用。

加快建设科技强国，要坚持科技创新与体制机制创新"双轮驱动"，面向世界科技前沿、面向经济主战场、面向国家重大需求、面向人民生命健康，深入实施科教兴国战略、人才强国战略、创新驱动发展战略，深化科技体制改革，完善国家创新体系。中国的科技创新和发展越来越离不开世界，世界的科技进步也越来越需要中国。要把科技自立自强与开放合作有机结合起来，增强自主创新能力，打好关键核心技术攻坚战，以全球视野谋划创新事业，积极融入全球创新网络，不断深化各领域交流合作。要强化国家战略科技力量，提升企业技术创新能力，激发人才创新活力，调动广大科技人员和创新主体的积极性、创造性，让各方面创新创造潜能充分释放出来。

坚持创新发展，是贯彻新发展理念的突出要求。全面建设社会主义现代化国家，必须以改革创新为根本动力，加快发展现代产业体系，推动经济体系优化升级。实体经济是一国经济的立身之本，是财富创造的根本源泉，是国家强盛的重要支柱。要坚持把发展经济着力点放在实体经济上，坚定不移建设制造强国、质量强国、网络强国、数字中国，推进产业基础高级化、产业链现代化，提高经济质量效益和核心竞争力。建设现代产业体系，创新引领、统筹协调是关键。要提升产业链供应链现代化水平，发展战略性新兴产业，加快发展现代服务业，统筹推进基础设施建设，加快数字化发展，不断增强经济创新力、竞争力、抗风险能力。

从"创新能力显著提升"到"进入创新型国家前列"，从"现代化经济体系建设取得重大进展"到"建成现代化经济体系"，党的十九届五中全会为"十四五"时期乃至更长时期的创新发展和现代化经济体系建设擘画蓝图、明确目标。创新开创未来，实干成就梦想。切实把党的十九届五中全会各项决策部署落到实处，脚踏实地向前进，创新中国必将行稳致远，为全面建设社会主义现代化国家注入强劲动力。

（新华社北京 2020 年 10 月 30 日电　新华社评论员）

加快构建新发展格局
——论学习贯彻党的十九届五中全会精神

党的十九届五中全会明确提出要加快构建以国内大循环为主体、国内国际双循环相互促进的新发展格局,并作出重大工作部署。

"十四五"时期我国将进入新发展阶段,这是全面建设社会主义现代化国家、向第二个百年奋斗目标进军的阶段,国内外环境的深刻变化带来一系列新机遇新挑战。加快形成新发展格局,是以习近平同志为核心的党中央根据我国发展阶段、环境、条件变化,审时度势作出的重大决策。构建新发展格局是事关全局的系统性、深层次变革,是立足当前、着眼长远的战略谋划。我们要从全局和战略的高度准确把握加快构建新发展格局的战略构想。

从根本上说,新发展格局是适应我国发展阶段新要求、塑造国际合作和竞争新优势的必然选择。党中央提出构建新发展格局,是对我国客观经济规律和发展趋势的正确把握,是掌握发展主动权的先手棋,是有深厚的实践基础的。以前,在经济全球化深入发展的外部环境下,市场和资源"两头在外"对我国加快提升经济实力、改善人民生活发挥了重要作用。在当前全球市场萎缩的外部环境下,我们必须充分发挥国内超大规模市场优势,通过繁荣国内经济、畅通国内大循环为我国经济发展增添动力,带动世界经济复苏。改革开放以来,我们遭遇过很多外部风险冲击,最终都能化险为夷,靠的就是办好自己的事、把发展立足点放在国内。我国有14亿人口,人均国内生产总值已经突破1万美元,是全球最大和最具潜力的消费市场,具有巨大增长空间。

自 2008 年国际金融危机以来，我国经济已经在向以国内大循环为主体转变。未来一个时期，我国国内市场主导国民经济循环特征会更明显，经济增长的内需潜力会不断释放。只要顺势而为、精准施策，我们完全有条件构建新发展格局、塑造新竞争优势。

习近平总书记强调："新发展格局决不是封闭的国内循环，而是开放的国内国际双循环。"我国在世界经济中的地位将持续上升，同世界经济的联系会更加紧密，为其他国家提供的市场机会将更加广阔，成为吸引国际商品和要素资源的巨大引力场。以国内大循环为主体，正是要通过发挥内需潜力，使国内市场和国际市场更好联通，更好利用国际国内两个市场、两种资源，实现更加强劲可持续的发展。要科学认识国内大循环和国内国际双循环的关系，主动作为、善于作为，建设更高水平开放型经济新体制，实施更大范围、更宽领域、更深层次的对外开放。还要认识到，构建新发展格局是以全国统一大市场基础上的国内大循环为主体，不是各地都搞自我小循环，各地区要找准自己在国内大循环和国内国际双循环中的位置和比较优势，有条件的地区可以率先探索有利于促进全国构建新发展格局的有效路径，发挥引领和带动作用。

构建新发展格局是一个系统工程，既要加强战略谋划和顶层设计，也要把握工作着力点。要加快培育完整内需体系，把实施扩大内需战略同深化供给侧结构性改革有机结合起来，以创新驱动、高质量供给引领和创造新需求。要加快科技自立自强，面向世界科技前沿、面向经济主战场、面向国家重大需求、面向人民生命健康，加快建设科技强国。要推动产业链供应链优化升级，把发展经济着力点放在实体经济上，推进产业基础高级化、产业链现代化。要加快农业农村现代化，优先发展农业农村，全面推进乡村振兴。要改善人民生活品质，坚持把实现好、维护好、发展好最广大人民根本利益作为发展的出发点和落脚点，尽力而为、量力而行，不断增强人民群众获得感、幸福感、安全感。要牢牢守住安全发展这条底线，把安全发展贯穿国家发展各领域和全过程，确保人民安居乐业、社会安定有序、国家长治久安。

当今世界正经历百年未有之大变局，我国发展仍然处于重要战略机遇期，但机遇和挑战都有新的发展变化。奋进新时代、开启新征程，站在历史正确的一边，保持战略定力，增强机遇意识和风险意识，危中寻机、化危为机，坚定不移贯彻新发展理念，加快形成新发展格局，不断向高质量发展迈进，我们就一定能为全面建设社会主义现代化国家开好局、起好步。

（新华社北京 2020 年 11 月 2 日电　人民日报 11 月 3 日评论员文章）

坚定不移深化改革扩大开放
——学习贯彻党的十九届五中全会精神

党的十九届五中全会强调，全面深化改革，实行高水平对外开放。在国内外环境发生深刻复杂变化的背景下，这一郑重宣示，再次彰显了我们党坚定不移推进改革开放的决心和定力，不仅为实现"十四五"规划和二〇三五年远景目标指明方向，也为世界发展前景注入强劲信心。

40多年砥砺奋进，改革开放取得举世公认的伟大成就，成为当代中国最显著的特征、最壮丽的气象。特别是"十三五"时期，全面深化改革取得重大突破，对外开放持续扩大，共建"一带一路"成果丰硕。实践充分证明，改革开放是党和人民大踏步赶上时代的重要法宝，也是决定实现"两个一百年"奋斗目标、实现中华民族伟大复兴的关键一招。当前，改革开放走到一个新的历史关头。统揽中华民族伟大复兴战略全局，如何更好解决发展中依然突出的不平衡不充分问题，更好回应人民群众对美好生活的新期待？放眼世界百年未有之大变局，如何加快构建新发展格局，妥善应对明显增加的不稳定性不确定性，推动建设开放型世界经济？坚定不移在更高起点、更高层次、更高目标上推进改革开放，才能破解发展面临的一系列突出矛盾和问题，才能把蕴藏的巨大潜力和活力释放出来，实现更高质量、更有效率、更加公平、更可持续、更为安全的发展。

改革是解放和发展社会生产力的关键，是推动国家发展的根本动力。随着我国迈入新发展阶段，改革也面临新的任务。要聚焦构建高水平社会主义市场经济体制这一目标,坚持和完善社会主义基本经济制度,充分发挥市场在资源配置中的决定性作用,更好发挥政府作用,推动有效市场和有为政府更好结合。要牢牢把握深化供给侧结构性改革这条主线,加快建设现代化经济体系,为构建新发展格局持续注入动力。要激发各类市场主体活力,完善宏观经济治理,建立现代财税金融体制,建设高标准市场体系,加快转变政府职能,使一切有利于社会生产力发展的力量源泉充分涌流。

开放带来进步,封闭必然落后。过去40多年中国经济持续快速发展是在开放条件下取得的,未来中国经济实现高质量发展也必须在更加开放的条件下进行。尽管当前经济全球化遭遇逆流,单边主义、保护主义上升,但和平与发展的时代主题没有改变,人类命运共同体理念日益深入人心,各国人民合作共赢的期待更加强烈。

越是面对逆风和回头浪,我们越要坚定站在历史正确的一边,坚持实施更大范围、更宽领域、更深层次对外开放,依托我国大市场优势,促进国际合作,实现互利共赢。要建设更高水平开放型经济新体制,推动共建"一带一路"高质量发展,积极参与全球经济治理体系改革。中国将以更开放包容的胸襟、更高质量的增长,在实现自身发展的同时,为世界各国共同繁荣贡献力量。

犹记8年前,习近平总书记在党的十八大后首次离京考察,在深圳发出"将改革开放继续推向前进"的动员令,并在莲花山公园种下一棵高山榕树。乔木亭亭倚盖苍,栉风沐雨自担当。迈向全面建设社会主义现代化国家新征程,以一往无前的奋斗姿态、风雨无阻的精神状态,在更高起点上推进改革开放,我们必将续写更多"春天的故事",创造令世界刮目相看的新的更大奇迹。

(新华社北京 2020 年 11 月 1 日电　新华社评论员)

弘扬核心价值,坚定文化自信
——学习贯彻党的十九届五中全会精神

党的十九届五中全会着眼战略全局,对"十四五"时期文化建设作出部署,明确提出到2035年建成文化强国的远景目标,这为我们在新发展阶段繁荣发展文化事业和文化产业、提高国家文化软实力提供了"时间表"和"路线图"。

实现中国梦,必然是物质文明和精神文明比翼双飞的发展过程。正是基于这样的认识,党的十八大以来,以习近平同志为核心的党中央高度重视文化建设,突出强调增强中国特色社会主义文化自信,把坚持马克思主义在意识形态领域指导地位的制度确立为中国特色社会主义的一项根本制度,把坚持社会主义核心价值体系纳入新时代坚持和发展中国特色社会主义的基本方略。"十三五"时期,我国文化事业和文化产业繁荣发展,文化建设持续引领社会新风尚、满足人民新期待、激发发展新活力,为开创党和国家事业新局面提供了强大精神支撑。

在全面建成小康社会后,我国将开启全面建设社会主义现代化国家的新征程。社会主义现代化是全面发展、全面进步的现代化,也是物质文明和精神文明相协调的现代化,没有社会主义文化繁荣发展,就没有社会主义现代化。正如习近平总书记强调的,统筹推进"五位一体"总体布局、协调推进"四个全面"战略布局,文化是重要内容;推动高质量发展,文化是重要支点;满足人民日益增长的美好生活需要,文化是重要因素;战胜前进道路上各种风险挑战,文化是重要力量源泉。越是接近实现中华民族伟大复兴的目标,就越要重视文化的价值，越要加强文化建设，为我们攻坚克难、砥砺前行提供坚强的思想保证、强大的精神力量、丰润的道德滋养。

文化是软实力，增强文化软实力则是硬任务。"十四五"是全面建设社会主义现代化国家开局起步的重要时期，必须在文化强国建设上迈出坚实步伐。要坚持马克思主义在意识形态领域的指导地位，推动理想信念教育常态化制度化，引导人们坚定"四个自信"，促进全体人民在思想上精神上紧紧团结在一起；要坚持以社会主义核心价值观引领文化建设，加强社会主义精神文明建设，提高社会文明程度，发挥文化引领风尚、教育人民、服务社会、推动发展的作用；要提升公共文化服务水平，健全现代文化产业体系，繁荣社会主义文艺，围绕举旗帜、聚民心、育新人、兴文化、展形象的使命任务，促进满足人民文化需求和增强人民精神力量相统一。

凝心可聚力，心齐可移山。在五千多年文明发展中孕育的中华优秀传统文化，在党和人民伟大斗争中孕育的革命文化和社会主义先进文化，是全体中国人民战胜艰难险阻、创造美好新生活的力量之源。坚持走中国特色社会主义文化发展道路，以文化凝心聚力、以文明交流互鉴，中华民族必将以更加自信、更加自强的姿态屹立于世界民族之林。

（新华社北京 2020 年 11 月 2 日电　新华社评论员）

促进人与自然和谐共生
——学习贯彻党的十九届五中全会精神

党的十九届五中全会坚持新发展理念、着眼推动高质量发展,强调"推动绿色发展,促进人与自然和谐共生",对深入实施可持续发展战略、完善生态文明领域统筹协调机制、加快推动绿色低碳发展等作出重要部署,为推进生态文明建设、共筑美丽中国注入强大动力。

生态兴则文明兴,生态文明建设是关系中华民族永续发展的千年大计,必须站在人与自然和谐共生的高度来谋划经济社会发展。党的十八大以来,以习近平同志为核心的党中央大力推进生态文明建设,污染防治力度不断加大,生态环境明显改善,人民群众的生态环境获得感、幸福感和安全感不断增强。实践证明,坚持绿色发展理念,正确处理人与自然的关系,加强生态环境治理,不断推进生态文明建设,才能切实提高发展质量,更好满足人民美好生活需要。

促进人与自然和谐共生,要坚持底线思维。当前,越来越多的人类活动不断触及自然生态的边界。要坚持绿水青山就是金山银山理念,坚持尊重自然、顺应自然、保护自然,坚持节约优先、保护优先、自然恢复为主,守住自然生态安全边界。保护生态,规划先行。要完善国土空间规划,落实好主体功能区战略,明确生态红线,加快形成自然保护地体系,完善生物多样性保护网络,在空间上对经济社会活动进行合理限定,进一步筑牢生态安全屏障。

促进人与自然和谐共生,重在正确处理生态环境保护和经济发展的关系。

良好的生态本身就蕴含着无穷的价值，能够源源不断创造综合效益，关键在于找准平衡点和着力点。生态好，发展才会更好。要深入实施可持续发展战略，完善生态文明领域统筹协调机制，构建生态文明体系，促进经济社会发展全面绿色转型，建设人与自然和谐共生的现代化。绿色是高质量发展的鲜明底色，推动"十四五"时期经济社会发展，必须坚决摒弃损害甚至破坏生态环境的发展模式，加快推动绿色低碳发展，持续改善环境质量，提升生态系统质量和稳定性，全面提高资源利用效率，推动生态文明建设取得更大新进展。

环境就是民生，青山就是美丽，蓝天也是幸福。促进人与自然和谐共生，人人都是受益者，人人也是行动者。要增强全民族生态环保意识，鼓励绿色生产和消费，倡导健康饮食文化和良好生活习惯，严厉打击非法捕杀和交易野生动物的行为，推动形成健康文明生产生活方式。人不负青山，青山定不负人。在新发展理念指引下，汇聚全社会的磅礴力量，久久为功向前进，我们一定能建成青山常在、绿水长流、空气常新的美丽中国。

（新华社北京2020年11月3日电　新华社评论员）

促进人的全面发展和社会全面进步
——学习贯彻党的十九届五中全会精神

"人民生活更加美好，人的全面发展、全体人民共同富裕取得更为明显的实质性进展。"党的十九届五中全会坚持以人民为中心，对增进民生福祉、改善人民生活品质提出一系列新要求、作出一系列新部署，为今后5年乃至更长时期的社会建设和民生工作指明方向。

人民对美好生活的向往，就是党和政府的奋斗目标。"十三五"时期，我国脱贫攻坚成果举世瞩目，5575万农村贫困人口实现脱贫，全面建成小康社会胜利在望。人民生活水平显著提高，高等教育进入普及化阶段，城镇新增就业超过6000万人，建成世界上规模最大的社会保障体系，基本医疗保险覆盖超过13亿人，基本养老保险覆盖近10亿人。这些成就充分彰显了以人民为中心的发展思想，极大增强了人民群众的获得感、幸福感、安全感，为我们促进人的全面发展和社会全面进步奠定坚实基础、创造有利条件。

生活过得好不好，人民群众感受最直接，最有发言权。随着经济社会发展和民生改善，老百姓普遍感到腰包更鼓了、日子更殷实了、精气神更振奋了。与此同时，城乡区域发展和收入分配差距较大、民生保障存在短板、社会治理还有弱项等问题仍比较突出，老百姓还有不少操心事、烦心事、揪心事。民生工作千头万绪，事关千家万户，要坚持尽力而为、量力而行，聚焦突出问题和明显短板，回应人民群众诉求和期盼，解决好人民群众最关心最直接最现实的利益问题，让群众看到变化、得到实惠。

促进人的全面发展和社会全面进步，涉及方方面面，要把实现好、维护好、发展好最广大人民根本利益作为发展的出发点和落脚点，不断促进社会公平正义，让发展成果更多更公平惠及全体人民。要提高人民收入水平，强化就业优先政策，建设高质量教育体系，健全多层次社会保障体系，全面推进健康中国建设，实施积极应对人口老龄化国家战略，加强和创新社会治理，让人民群众获得感、幸福感、安全感更加充实、更有保障、更可持续。

共同富裕是社会主义的本质要求，是人民群众的共同期盼。随着我国全面建成小康社会、开启全面建设社会主义现代化国家新征程，必须把促进全体人民共同富裕摆在更加重要位置，向着这个目标更加积极有为地进行努力。党的十九届五中全会首次把"全体人民共同富裕取得更为明显的实质性进展"作为远景目标提出来，既指明了前进方向和奋斗目标，也实事求是、符合发展规律，兼顾了需要和可能，有利于促进全体人民在实现共同富裕道路上不断向前迈进。这一重大决策部署，深刻诠释了我们党不忘初心、牢记使命的忠诚和担当，极大地鼓舞着亿万中华儿女为实现梦想不懈奋斗。

人民是我们党执政的最大底气，是我们党执政兴国的根本所在。在中国未来经济社会发展蓝图中，"人民至上"仍将始终是最为鲜明的价值取向。坚持发展为了人民、发展依靠人民、发展成果由人民共享，定能凝聚砥砺奋进的强大力量，夺取全面建设社会主义现代化国家的新胜利，让全体中国人民过上更好的日子。

（新华社北京 2020 年 11 月 4 日电　新华社评论员）

筑牢安全屏障，建设平安中国
——学习贯彻党的十九届五中全会精神

党的十九届五中全会统筹中华民族伟大复兴战略全局和世界百年未有之大变局，深刻认识错综复杂的国际环境带来的新矛盾新挑战，坚持统筹发展和安全，对筑牢国家安全屏障、建设更高水平的平安中国等作出战略部署，为我们推动实现更为安全的发展提供了重要遵循。

安全是发展的前提，发展是安全的保障，二者相辅相成。办好发展、安全两件大事，事关我们事业的成败。当前和今后一个时期是我国各类矛盾和风险易发期，各种可以预见和难以预见的风险因素明显增多。推动经济社会发展，必须坚持总体国家安全观，增强机遇意识和风险意识，树立底线思维，把安全发展贯穿国家发展各领域和全过程，防范和化解影响我国现代化进程的各种风险，确保社会主义现代化事业顺利推进。

小智治事，大智治制。筑牢国家安全屏障，加强国家安全体系和能力建设是重要保障。要完善集中统一、高效权威的国家安全领导体制，健全国家安全法治体系、战略体系、政策体系、人才体系和运行机制，全面加强网络安全保障体系和能力建设，增强全民国家安全意识，巩固国家安全人民防线，坚定维护国家政权安全、制度安全、意识形态安全。

经济安全是国家安全的基础。筑牢国家安全屏障，必须确保国家经济安全。要加强经济安全风险预警、防控机制和能力建设，实现重要产业、基础设施、战略资源、重大科技等关键领域安全可控。要优化和稳定产业链、供应链，在关系国家安全的领域和节点构建自主可控、安全可靠的国内生产供应体系。要维护金融、重要基础设施、新型领域等方面安全，确保生态安全，牢牢守住不发生系统性风险底线。

统筹发展和安全，必须坚持以人民为中心，把保护人民生命安全摆在首位，维护社会稳定和安全。要坚持人民至上、生命至上，织牢织密公共卫生防护网，完善和落实安全生产责任制，完善国家应急管理体系，增强防灾、减灾、抗灾、救灾能力，全面提高公共安全保障能力。要正确处理新形势下人民内部矛盾，坚持和发展新时代"枫桥经验"，畅通和规范群众诉求表达、利益协调、权益保障通道，切实维护群众利益，保持社会和谐稳定。

没有一支强大的军队，就不可能有强大的祖国。筑牢国家安全屏障，必须加快国防和军队现代化，实现富国和强军相统一。要贯彻习近平强军思想，贯彻新时代军事战略方针，坚持党对人民军队的绝对领导，坚持政治建军、改革强军、科技强军、人才强军、依法治军，全面提高捍卫国家主权、安全、发展利益的战略能力，更好履行新时代人民军队使命任务，为实现中华民族伟大复兴提供更为坚强的战略支撑。

安全才能更好发展，发展才能更加安全。在全面建设社会主义现代化国家新征程上，把困难估计得更充分一些，把风险思考得更深入一些，更好统筹发展和安全，不断筑牢国家安全屏障，有效化解风险挑战，新时代中国特色社会主义事业必将乘风破浪、行稳致远。

（新华社北京 2020 年 11 月 5 日电　新华社评论员）

坚持党的全面领导,坚决落实中央部署
——学习贯彻党的十九届五中全会精神

党的十九届五中全会强调,必须坚持党的全面领导,确保党中央决策部署有效落实。这是"十四五"时期经济社会发展必须遵循的基本原则,是实现"十四五"规划和二〇三五年远景目标的根本政治保证。

办好中国的事情,关键在党。"十三五"时期,面对错综复杂的国际形势、艰巨繁重的国内改革发展稳定任务,特别是新冠肺炎疫情严重冲击,我国经济社会发展取得新的重大成就,全面建成小康社会胜利在望,中华民族伟大复兴向前迈出了新的一大步,社会主义中国以更加雄伟的身姿屹立于世界东方。这些成就的取得,根本在于有以习近平同志为核心的党中央坚强领导,有习近平新时代中国特色社会主义思想科学指引。实践证明,中国共产党领导是中国特色社会主义最本质的特征,是中国特色社会主义制度的最大优势。这是推进我国经济社会发展不能脱离的最大国情。"十四五"时期乃至更长时期,我国经济社会发展将面临极其复杂的国际形势,要破解一系列难题、战胜一系列风险挑战。形势越是复杂,任务越是艰巨,越离不开中国共产党这个指引方向的指南针、凝心聚力的主心骨、社会稳定的压舱石,越要坚持和加强党的全面领导。

坚持党的全面领导,最根本的是加强党中央集中统一领导。事在四方,要在中央。只有加强党中央集中统一领导,才能有效总揽全局、协调各方,形成推动经济社会发展的强大合力。新征程上,要进一步增强"四个意识"、坚定"四个自信"、做到"两个维护",坚持不懈用习近平新时代中国特色社会主义思想武装头脑、指导实践、推动工作,发挥党的强大政治优势、思想优势、组织优势,团结带领全国各族人民继续奋斗。

打铁必须自身硬。坚持党的全面领导,必须突出问题导向,着力加强党的自身建设。要全面落实从严治党主体责任、监督责任,把严的主基调长期坚持下去。要完善党和国家监督体系,加强政治监督,强化对公权力运行的制约和监督,营造风清气正的良好政治生态。只有不断增强党自我净化、自我完善、自我革新、自我提高能力,才能把党锻造得更加坚强有力,把党的政治优势、组织优势转化为治理效能,以党的全面领导更好引领高质量发展。

一分部署,九分落实。实现五中全会擘画的宏伟蓝图,要健全落实机制,完善规划实施监测评估机制,以求真务实、真抓实干的优良作风,凝聚最广大人民群众的强大力量。广大党员干部要强化责任担当,提升素质能力,发扬钉钉子精神,脚踏实地、善作善成,确保党中央的各项决策部署落到实处、取得实效。

(新华社北京 2020 年 11 月 6 日电　新华社评论员)

开拓新发展阶段的美好前程
——学习贯彻党的十九届五中全会精神

　　站在"两个一百年"历史交汇点上,党的十九届五中全会将"十四五"规划与二〇三五年远景目标统筹考虑,全面系统回答了新形势下实现什么样的发展、如何实现发展这个重大问题。贯彻落实全会精神,一个十分重要的方面就是科学把握新发展阶段、深入贯彻新发展理念、加快构建新发展格局,实现全面建设社会主义现代化国家开好局、起好步。

　　科学把握新发展阶段,要深刻认识我国经济社会发展阶段性特征,辨明我们所处的历史方位。新发展阶段,就是全面建设社会主义现代化国家、向第二个百年奋斗目标进军的阶段。进入新发展阶段,是中华民族伟大复兴历史进程的大跨越,在我国发展进程中具有里程碑意义。面对外部环境日趋错综复杂、我国社会主要矛盾发生变化的新形势,新阶段的发展必须把发展质量摆在更加突出位置,以推动高质量发展为主题,以深化供给侧结构性改革为主线,坚持质量第一、效益优先,切实转变发展方式,推动质量变革、效率变革、动力变革,使发展成果更好惠及全体人民,不断实现人民对美好生活的向往。

　　新阶段的发展,必须是深入贯彻新发展理念的发展。党的十八大以来特别是"十三五"以来,创新、协调、绿色、开放、共享的发展理念引领经济社会发展不断取得新成就。开启新征程,要进一步把新发展理念贯穿发展全过程和各领域,实现更高质量、更有效率、更加公平、更可持续、更为安全的发展。要坚持创新在我国现代化建设全局中的核心地位，把科技自立自强作为国家发展的战略支撑，全面塑造发展新优势；要推进区域协调发展，形成工农互促、城乡互补、协调发展、共同繁荣的新型工农城乡关系；要推动绿色发展，促进人与自然和谐共生；要实行高水平对外开放，开拓合作共赢新局面；要扎实推动共同富裕，不断增强人民群众获得感、幸福感、安全感，促进人的全面发展和社会全面进步。

新阶段的发展，必须加快构建以国内大循环为主体、国内国际双循环相互促进的新发展格局。这是以习近平同志为核心的党中央积极应对国际国内形势变化，着眼与时俱进提升我国经济发展水平、塑造国际经济合作和竞争新优势作出的战略抉择。要坚持扩大内需这个战略基点，使生产、分配、流通、消费更多依托国内市场，形成国民经济良性循环，形成需求牵引供给、供给创造需求的更高水平动态平衡。新发展格局决不是封闭的国内循环，而是开放的国内国际双循环。要在开放合作中推动形成宏大顺畅的国内经济循环，更好吸引全球资源要素，与各国共享发展机遇，推动互利共赢。

（新华社北京 2020 年 11 月 7 日电　新华社评论员）

融入国家发展,绘就港澳蓝图
——港澳各界聚焦十九届五中全会

中共十九届五中全会于 29 日闭幕,审议通过《中共中央关于制定国民经济和社会发展第十四个五年规划和二〇三五年远景目标的建议》。港澳各界人士认为,国家经济实力、科技实力、综合国力必将持续提升,港澳应当更积极地融入国家发展大局,丰富"一国两制"事业发展新实践,创造新的辉煌。

五中全会公报提出了"十四五"时期经济社会发展主要目标和到二〇三五年基本实现社会主义现代化远景目标。对此,香港岛各界联合会会长蔡毅由衷赞叹:"党中央绘就了一幅宏伟务实的发展蓝图,为全国乃至世界的发展增添了信心。相信在党中央的领导下,包括港澳同胞在内的全国同胞将团结奋斗、克服困难,圆满实现上述目标。"

澳门特区立法会议员施家伦表示,全会公报一方面列举一系列数据展示国家"十三五"时期取得的巨大成就,另一方面作出"当前和今后一个时期,我国发展仍然处于重要战略机遇期,但机遇和挑战都有新的发展变化"的重要战略判断。这些数据和表述都让澳门同胞感到自豪、鼓舞,为国家发展的美好前景感到振奋。

全会公报明确指出"要保持香港、澳门长期繁荣稳定",让港澳人士备受鼓舞。香港公开大学校长黄玉山认为,这一表述说明国家十分重视香港的发展,相信国家会坚定不移贯彻"一国两制"方针,推动香港维持繁荣稳定,维护广大市民的福祉及合法权利。

澳门归侨总会会长刘艺良说，国家好，澳门好；国家发展，澳门随之进步。有了中央的关心、重视和支持，澳门同胞始终相信明天会美好。虽然澳门地域狭小、空间不足、资源有限，但澳门各界相信，在国家支持下，通过积极开展区域合作，澳门一定可以深度融入国家发展大局，紧随国家发展实现繁荣稳定。

针对香港、澳门未来如何更好地融入国家发展大局，港澳人士积极建言。香港特区行政会议成员、经民联副主席林健锋表示，"十四五"时期是香港发展的关键期，香港必须紧抓历史机遇，在"一国两制"框架下利用自身在人才储备、国际联系等方面的优势，参与粤港澳大湾区建设和共建"一带一路"，与内地实现优势互补。

澳门特区政府因应国家"十三五"规划编制的《澳门特别行政区五年发展规划（2016—2020年）》即将收官。对此，澳门城市大学协理副校长叶桂平说，澳门特区需要百尺竿头更进一步，紧密对接国家战略，推动新一份澳门五年规划尽快落地。其中，关键是要做好粤澳深度合作开发横琴的顶层设计，以便搭乘区域合作发展快车，以更积极主动的姿态融入国家发展大局。

全会公报表示，坚持创新在我国现代化建设全局中的核心地位，把科技自立自强作为国家发展的战略支撑。这一点令港澳人士印象深刻。深圳前海管理局香港事务首席联络官洪为民表示，科技创新将推动国家经济结构更加优化，产业链现代化水平明显提高。香港可以发挥低税制、国际化程度较高等优势，充分吸引全球科技人才，与内地携手发展新技术、新产业、新业态。

香港福建社团联会荣誉主席吴良好说，香港与深圳都是粤港澳大湾区的重要引擎，在科技合作方面潜力巨大。香港基础科研能力强，深圳有一批享誉全球的高科技公司，通过深化合作，两地能在一系列科研领域实现更大突破，更好地推动国家加快建设科技强国。

全会公报表示，坚持实施更大范围、更宽领域、更深层次对外开放，依托我国大市场优势，促进国际合作，实现互利共赢。对此，香港广东社团总会永远荣誉主席梁亮胜表示，香港应当更好地扮演"超级联系人"的角色，在促进大湾区内资金、技术、人才等要素的跨境双向流动上发挥更强作用，加快融入以国内大循环为主体、国内国际双循环相互促进的新发展格局。

香港自由党副主席邵家辉说，自香港国安法实施以来，社会正逐步重回正轨。这有助于香港充分发挥优势，助力国家建设更高水平开放型经济新体制。

中国和平统一促进会香港总会会长姚志胜强调，面向未来，香港要继续发挥独特优势，将国家的机遇转化为自身发展动力，推动香港与内地的合作不断迈上新台阶。"这样既能为国家新一轮改革开放作出新贡献，又能带动香港摆脱困境再出发，谱写'一国两制'新篇章。"

（新华社香港2020年10月30日电　新华社记者周文其、郭鑫）

擘画发展蓝图　续写伟大奇迹
——中央和国家机关、人民团体广大干部职工热议党的十九届五中全会精神

高瞻远瞩绘就宏伟蓝图，砥砺奋进谱写发展新篇。刚刚闭幕的党的十九届五中全会审议通过《中共中央关于制定国民经济和社会发展第十四个五年规划和二〇三五年远景目标的建议》，一系列的蓝图目标、战略布局、工作部署激动人心、催人奋进，让中央和国家机关、人民团体广大干部职工反响强烈。

大家表示，要认真学习贯彻落实十九届五中全会精神，更加紧密团结在以习近平同志为核心的党中央周围，同心同德，顽强奋斗，乘势而上开启全面建设社会主义现代化国家新征程，向第二个百年奋斗目标奋力前行。

举世瞩目意义重大

中央纪委国家监委机关、中央宣传部、外交部广大干部职工高度关注，以多种方式紧密跟踪会议进展，学习全会精神。大家一致认为，这次全会是在全面建成小康社会胜利在望、全面建设社会主义现代化国家新征程即将开启的重要历史时刻召开的一次十分重要的会议，充分体现了以习近平同志为核心的党中央谋划未来的远见卓识和继往开来的历史担当，坚定了全党全国各族人民奋力夺取全面建设社会主义现代化国家新胜利的决心。

理念指引实践，奋斗谱写篇章。最高法、最高检、国家卫生健康委干部职工表示，在"十三五"时期，面对错综复杂的国际形势、艰巨繁重的国内改革发展稳定任务特别是新冠肺炎疫情严重冲击，以习近平同志为核心的党中央带领全党全国各族人民攻坚克难、开拓创新，脱贫攻坚成果举世瞩目，决胜全面建成小康社会取得了决定性成就，进一步彰显了中国共产党领导和中国社会主义制度优势。

五年来，中国经济实力、科技实力、综合国力跃上新的大台阶，生态环境明显改善，对外开放持续扩大，人民生活水平显著提高。自然资源部、农业农村部、共青团中央干部职工表示，全会深刻总结"十三五"时期中国经济社会发展取得的伟大成就，这些成就铭刻于中华民族走向伟大复兴的光辉史册上，社会主义中国以更加雄伟的身姿屹立于世界东方。

工业和信息化部、生态环境部、文化和旅游部干部职工表示，在"十三五"规划目标任务即将完成之时，站在"两个一百年"奋斗目标的历史交汇点上，全会的召开也将激励我们再接再厉、一鼓作气，确保如期全面建成小康社会、实现第一个百年奋斗目标，为开启全面建设社会主义现代化国家新征程奠定坚实基础。

高屋建瓴擘画蓝图

当前和今后一个时期，中国发展仍然处于重要战略机遇期，但机遇和挑战都有新的发展变化。

在危机中育先机，于变局中开新局。全国人大机关、全国政协机关、中央统战部干部职工一致认为，"十四五"时期是中国全面建成小康社会、实现第一个百年奋斗目标之后，乘势而上开启全面建设社会主义现代化国家新征程、向第二个百年奋斗目标进军的第一个五年。在机遇前所未有，挑战也前所未有之时，全会为"十四五"中国发展把脉定向、谋篇布局，具有重大现实意义和深远历史意义。

全会明确提出二〇三五年基本实现社会主义现代化远景目标,对"十四五"时期中国发展作出系统谋划和战略部署。

中央组织部、中联部、中央政法委干部职工认为,全会为我们展现了新前景,擘画了路线图,发出了动员令,对于动员和激励全党全国人民继续抓住用好重要战略机遇期,在新的历史起点上把中华民族伟大复兴事业推向前进具有重大而深远的意义。

中央党校(国家行政学院)、退役军人事务部、中央和国家机关工委党员干部表示,在准确体察中国国情、深刻把握发展大势的基础上,全会既擘画了未来5年乃至15年中国发展的宏伟蓝图,也对今后五年经济社会持续健康发展作出了科学部署,体现了我们党对发展规律认识的不断加深,为全面建设社会主义现代化国家开好局、起好步提供了科学指引。

信仰、信念、信心在任何时候都至关重要。应急管理部、交通运输部、审计署党员干部认为,实现"十四五"规划和二〇三五年远景目标,任务艰巨、前途光明,全会作出的各项具体部署,为谱写"两大奇迹"新篇章提供了底气与信心,注入了团结一致、顽强奋斗的强大精神力量。

砥砺奋进续写辉煌

九万里风鹏正举,新征程砥砺初心。在第一个百年奋斗目标实现胜利在望,第二个百年奋斗征程即将开始之际,唯有接续奋斗,才能续写新的发展奇迹。

"十四五"战略布局中,明确提出到二〇三五年基本实现社会主义现代化远景目标。商务部、司法部、水利部干部职工认为,十九届五中全会指明了新征程的前进方向,要认真学习贯彻全会精神,自觉把思想和行动统一到中央战略部署上来,扎实做好各项工作,为夺取全面建设社会主义现代化国家新胜利作出积极贡献。

进入新发展阶段,要贯彻新发展理念,构建新发展格局。国家发展改革委、科技部、财政部干部职工表示,全会提出"坚持创新在中国现代化建设全局中的核心地位"等 12 个方面的部署，要在此基础上深刻认识和把握发展规律，发扬斗争精神，坚定不移走中国特色自主创新道路。

发展好不好，人民群众最有发言权。民政部、教育部、人力资源社会保障部、住房城乡建设部干部职工表示，十九届五中全会对人民群众高度关注的民生问题进行了系统部署，要牢固树立以人民为中心的发展思想，切实将全会精神落实到实际工作当中，着力解决人民群众所需所急所盼的问题，让人民群众更好地共享发展成果。

安全是发展的前提，发展是安全的保障。国家安全部、公安部、中国人民银行干部职工表示，在实现"强起来"的新阶段，世界正经历百年未有之大变局，各种可以预见和难以预见的风险因素明显增多，安全之于发展的重要性日益凸显，要在认真学习全会精神的基础上，紧密结合工作实际，立足本职岗位，扎实做好防范和化解影响中国现代化进程中各种风险的工作，全力护航伟大复兴。

发展永无止境，奋斗未有穷期。

来自国家民委、全国总工会、全国妇联的干部职工表示，以全会的精神为指引，全党全国各族人民齐心协力、奋勇前进，就一定能够实现更高水平、更高质量的发展，推动"中国号"巨轮劈波斩浪，不断夺取新的更大的胜利。

（新华社北京 2020 年 10 月 30 日电　新华社记者王鹏、孙少龙、王琦）

开启新征程 创造新伟业
——党政干部热议党的十九届五中全会精神

伟大成就鼓舞人心，新的征程催人奋进。

刚刚闭幕的十九届五中全会充分肯定"十三五"时期我国经济社会发展取得的巨大成就，科学擘画中国未来5年以及15年的发展新蓝图，在各级党政干部中引起强烈反响。

大家表示，蓝图已绘就，奋进正当时，全党全国各族人民要同心同德，努力奋斗，在全面建设社会主义现代化国家的新征程上创造新的历史伟业。

决胜全面建成小康社会取得决定性成就

"这是在'两个一百年'奋斗目标的历史交汇点上召开的一次重要会议。"北京市西城区委书记孙军民说，以习近平同志为核心的党中央推进党和国家各项事业取得新的重大成就，即将开启全面建设社会主义现代化国家的新征程，"成就有目共睹，举世公认。"

最近五年来，我国经济实力、科技实力、综合国力跃上新的大台阶，脱贫攻坚成果举世瞩目，生态环境明显改善，人民生活水平显著提高……

"全面建成小康社会胜利在望，令大家备受鼓舞。"江西省于都县委书记陈阳山说，近年来当地坚持以脱贫攻坚统揽经济社会发展全局，蔬菜、脐橙、油茶、肉鸡等产业蓬勃发展，实现高质量脱贫摘帽，农民生活"芝麻开花节节高"。

西藏山南市隆子县玉麦乡，曾是西藏最难抵达的乡之一。如今，乡政府、村委会、卫生院、小学、幼儿园等已经建成，通往县城的公路也完工了。

玉麦乡党支部书记达娃难掩心中的喜悦："'十三五'时期，玉麦乡的基础设施和教育医疗等发生了翻天覆地的变化，成为喜马拉雅山脉南麓的幸福家园。"

经济社会稳定发展，得益于农业"压舱石"稳固。随着秋收基本完成，黑龙江的粮食加工企业进入生产旺季。

"'十三五'时期，粮食年产量连续五年稳定在一万三千亿斤以上，中国人的饭碗牢牢端在自己手里。"黑龙江省农业农村厅厅长王金会说。

"十三五"收官之年，一场突如其来的新冠肺炎疫情，给经济社会发展带来严峻考验。

"我们坚持把人民群众生命健康放在第一位，实行常态化精准防控和局部应急处置相结合。"湖北省十堰市房县县委书记蔡贤忠说，房县坚持疫情防控和经济社会发展两手抓，全县经济发展态势稳中向好，主要经济指标持续回暖。

开启全面建设社会主义现代化国家新征程

"全会吹响了向全面建设社会主义现代化国家进军的冲锋号。"正在调研清洁取暖工作的河北省邢台市新河县委书记李群江说，全会对基层工作具有极强的指导意义。新河县将加快形成绿色生产生活方式，为建成美丽中国贡献力量。

建成文化强国、教育强国、人才强国、体育强国、健康中国……河南省卢氏县委常委、宣传部长郭军文说，全会勾画的一系列远景目标令人振奋。卢氏县是千年古县，也是革命老区，历史文化资源丰厚。今后要传承红色基因，以文旅融合助推经济发展和民生改善。

"全会提出的目标、任务,体现了高质量发展阶段的新特征新要求,也是各族群众对美好生活的向往。"新疆巴音郭楞蒙古自治州党委书记李刚表示,全会在就业、教育、医疗、社保等民生领域明确了硬招、实招,"这是我们的不懈追求,也是今后努力的方向。"

站在新的历史起点,肩负新的时代使命。未来五年的发展,具有特殊重要的意义。

"我们将坚持以推动高质量发展为主题。"山东省济南市历下区委书记江山说,历下区正在抢抓新旧动能转换综合试验区、黄河流域生态保护和高质量发展、中国(山东)自由贸易试验区建设叠加的重大机遇,发展战略性新兴产业,加快发展现代服务业,提升产业链现代化水平。

绿水青山就是金山银山。陕西省林业局副局长昝林森说,林业战线的干部职工,要坚持新发展理念,做好生态卫士,在秦岭生态环境保护、黄河流域生态保护等方面,积极贡献力量。

在甘肃省靖远县富坪村的日光温室里,鲜嫩的黄瓜长势喜人。这是当地扶贫产业的成果,也是乡村振兴的希望。

"全会为做好脱贫攻坚与乡村振兴有效衔接指明了方向。"富坪村第一书记王卓说,要继续抓好产业发展,推进文化事业和生态文明建设,"使乡村真正成为安居乐业的美丽家园。"

接续奋斗书写新的发展奇迹

蓝图绘就,摆在面前的就是铆足力气继续一年接着一年干,一件一件抓落实。

"全会提出,坚持创新在我国现代化建设全局中的核心地位。"合肥高新区科技局副局长程羽说,科技自立自强,是国家发展的战略支撑,也是高新区的关键使命。"十四五"期间,将把关键核心技术的创新突破、科技企业的培育孵化作为发展主线,力争在量子、人工智能等领域取得更多创新成果。

"发展实体经济，建设制造强国。"江苏省汾湖高新技术产业开发区党工委书记万利对未来发展信心满满。他说，汾湖高新区将一方面布局半导体和集成电路、智能制造装备等新兴产业链，另一方面对电梯制造、净化设备等传统主导产业加快智能化改造和数字化转型。

在"智慧新警务"操作系统大屏上，数据实时滚动更新。广州市副市长、市公安局局长孙太平说，要依托大数据智能化建设，在更高水平上推进平安广州建设，打造共建共治共享的社会治理格局，不断增强人民群众获得感、幸福感、安全感。

阳光照亮梦想。成都市新都区斑竹园镇三河村正式注册了成都第一个农民足球俱乐部，足球成为当地的名片，为乡村振兴带来新活力。

"全会发出优先发展农业农村、全面推进乡村振兴的信号，让我们更有信心加油干。"村党总支书记谭杰说，三河村将打造集体育休闲、音乐文创、餐饮娱乐为一体的田园综合体，让村民生活更美好。

黄浦江畔，浪潮翻涌。国家会展中心（上海）热闹非凡，第三届中国国际进口博览会开幕在即。

国家会展中心（上海）会议中心总经理冯楠说，在推进高水平对外开放，开拓合作共赢新局面中，中国国际进口博览会一定能够越办越好。

（新华社北京 2020 年 10 月 31 日电）

改善人民生活品质　提高社会建设水平
——各地城乡基层党员干部群众热议党的十九届五中全会精神

五年成就鼓舞人心，开拓奋进书写新篇。党的十九届五中全会高度评价决胜全面建成小康社会取得的决定性成就，对增进民生福祉，改善人民生活品质，提出重要要求和重大举措，明确"十四五"时期要扎实推动共同富裕。

广大干部群众表示，要认真学习领会、贯彻落实五中全会精神，从身边事做起，真抓实干，确保如期打赢脱贫攻坚战、全面建成小康社会、实现第一个百年奋斗目标，向全面建设社会主义现代化国家迈进。

成就鼓舞人心　百姓获得感不断提升

武陵山区深处，昔日贫困的贵州正安县于今年 3 月脱贫摘帽。从住在摇摇欲坠的土坯房到搬进崭新的楼房，居民生活的变化让正安县瑞濠街道办事处解放居委会党支部书记、主任李春燕深有感触。

"近年来，正安县开展高粱种植、孵化养殖等，带动百姓脱贫致富。"李春燕说，"五中全会公报提到，'十三五'时期有 5575 万农村贫困人口实现脱贫，让我们感到振奋。"

发展好不好，人民群众最有发言权。"十三五"时期取得的成就，让老百姓的获得感成色更足。

58岁的太原市居民张向东是一名摄影爱好者。"'污染防治力度加大，生态环境明显改善'，汾河的变化印证了公报中的这句话。最近几年，每年11月都有大批白鹭飞来，它们'看中'了我们汾河的优美环境。"张向东笑着说。

"十三五"时期，我国在社保、医保、养老保险方面取得的成就让天津市河东区芳水河畔社区党委书记李迎印象深刻。"社保体系逐步完善，减少了老年人的后顾之忧。不少老年人在社区医院建立居民健康档案，医疗保险保障了他们的日常取药需求。"李迎说。

连日来，内蒙古赤峰拓佳光电有限公司总经理陈志伟一直在为招工忙碌，随着生产规模逐年扩大、用工需求增加，今年公司已招工近600人。

"公报提到'十三五'时期城镇新增就业超过6000万人，这样的变化就在我们企业发生着。"陈志伟说，2015年建厂时，公司只能提供十几个就业岗位，如今已累计吸纳1500人就业。

"这些成就充分体现了我国社会主义制度优越性，体现了这些年国家治理体系和治理能力现代化加快推进的成果。我对未来充满了信心！"辽宁省朝阳市建平县张家营子镇党委书记王雪说。

擘画发展蓝图　让人民生活更加美好

走进广西恭城瑶族自治县桥头村，蜿蜒悠长的巷道，青砖黛瓦的仿古民居，郁郁葱葱的绿化带，尽显生机。

消除贫困、改善民生、逐步实现共同富裕，是社会主义的本质要求。五中全会提出了"人民生活更加美好，人的全面发展、全体人民共同富裕取得更为明显的实质性进展"的目标任务，令民宿经营者、村民莫元军对未来充满信心。

"近年来，村容村貌发生很大改观，加上交通便利，越来越多的城里人专程来我们这里旅游。"莫元军说，"党带领我们走上致富路，又为将来描画了更加美好的前景，我相信，以后的日子一定会越过越红火！"

"方向明确，路径清晰，五中全会对指导基层工作、发展县域经济提供指引。"浙江省湖州市德清县县长敖煜新表示，"德清县将围绕'推动绿色发展，促进人与自然和谐共生'，坚持保护优先和绿色发展并举，推动生态效益更好地转化为经济效益、社会效益。"

提升行政效率是民之所呼，衡量着政府为民服务的能力水平。

"从'最多跑一次'到'一窗式'改革，老百姓的事越来越好办，政府的公信力显著提升。"重庆市北碚区政务服务管理办公室主任王春燕说，"接下来，我们要探索运用大数据、区块链等新兴技术提升智慧政务效能，让老百姓办事有更多实实在在的获得感。"

教育是国之大计，接受更好的教育是人民群众的热切期盼。湖南省汝城县文明瑶族乡第一片小学教师李亚东对"十四五"时期"全民受教育程度不断提升"感到前景可期："村小的教学楼、宿舍楼正在不断完善，教学设备丰富，教师队伍年轻化。在党和政府重视下，会有更多贫困地区的孩子走入学堂、走进高等学府，成为建设国家的栋梁。"

对未来的美好期待，写在老百姓的笑容里。"我们算是把福享美咧！"宁夏海原县幸福社区44岁居民杨生宝感叹。从大山沟里搬到县城后，他和数千名乡亲外出务工方便了，老人看病、娃娃上学也省心了。

开启新征程　真抓实干谱写时代新篇

这几天，云南省宁蒗彝族自治县正迎来脱贫攻坚第三方机构评估验收，战河镇党委书记马灵富忙得不可开交。"作为基层干部，我们必须脚踏实地、真抓实干，为确保如期打赢脱贫攻坚战贡献力量。"马灵富说，战河镇将对脱贫不稳定户、边缘易致贫户等加强监测、加大帮扶力度，防止返贫和产生新的贫困人口。

在青海玉树藏族自治州称多县清水河镇，草原一片金黄，牦牛成群结队。

随着现代生态畜牧业取代传统的粗放经营，当地群众腰包越来越鼓，草原生态越来越好。"今年，我们将以改善民生、群众增收为目标，继续把草场、牲畜、劳力等生产要素整合起来，走好畜牧业转型发展之路，带动老百姓共同富裕。"清水河镇镇长巴培茸保说。

社会保障，是民生发展的稳定器。吉林省磐石市供电公司工会主席王雪岩已经做好了未来五年的工作规划："我们将收集职工在社保、医保领域的需求和困难，做好答疑解惑工作，并在社保补缴、异地就医报销等实际问题上，成立专班协助职工对接相应部门，解决难题。"

作为国际滨海旅游城市，海南省三亚市的旅游业朝着高端化、个性化方向发展。"我们需要更多高端旅游从业人员。"三亚市人力资源开发局转移就业科科长李惠莲说，"我和就业部门同事将针对产业发展需求，提供更有针对性、人性化的培训服务，帮助更多企业员工成长为中高级职称的专业技能人才，实现更加充分更高质量就业。"

在不久前的国庆黄金周，福建省长汀县与连城县交界处的松毛岭下，每天有近4000人来到被誉为"红军长征第一村"的中复村旅游。

作为红军烈士后代，中复村专职红色讲解员钟鸣心情激动："五中全会提出提高国家文化软实力。我将继续站好每一班岗，把红军长征的故事讲述给更多游客。把长征精神代代相传，激励人们在新长征路上不断奋斗、前进！"

（新华社北京 2020 年 11 月 1 日电）

深入调查建言献策,为全面建设社会主义现代化国家贡献力量
——各民主党派中央、全国工商联和无党派人士热议中共十九届五中全会精神

中共十九届五中全会充分肯定"十三五"时期我国经济社会发展的巨大成就,审议通过《中共中央关于制定国民经济和社会发展第十四个五年规划和二〇三五年远景目标的建议》,明确了未来5年发展蓝图和2035年远景目标。连日来,全会精神引发各民主党派中央、全国工商联和无党派人士热议。

大家表示,要更加紧密地团结在以习近平同志为核心的中共中央周围,把学习贯彻全会精神作为当前和今后一个时期的重要政治任务,深入开展调查研究,提高建言献策质量,为夺取全面建设社会主义现代化国家新胜利贡献力量。

民革中央在学习中认为,全会是站在实现"两个一百年"奋斗目标的历史交汇点上召开的一次重要会议,《建议》充分体现中共中央高瞻远瞩、总揽全局、深谋远虑、运筹帷幄的战略眼光和定力。民革要将深入学习贯彻全会精神作为当前和今后一个时期的重要政治任务,把思想和行动统一到各项决策部署上来,精准选题,深入调研,高质量作好履职建言。

民盟中央在学习中认为,全会对"十四五"规划主要目标和2035年远景目标作出系统谋划、总体部署,充分体现了中共中央谋划未来的远见卓识和继往开来的历史担当。全盟同志备受鼓舞、倍感振奋。民盟要迅速兴起学习、

宣传和贯彻全会精神热潮，团结引导广大盟员在制定实施"十四五"规划等工作中切实发挥作用、贡献民盟力量。

民建中央在学习中认为，全会擘画了未来 5 年发展蓝图和 2035 年远景目标。民建将发挥密切联系经济界的特色优势，牢牢把握新发展阶段、新发展理念、新发展格局这三点核心要义，聚焦"十四五"规划目标任务，聚焦经济社会发展关键问题，深入考察调研，提高履职实效，为推动高质量发展贡献智慧。

民进中央在学习中认为，全会通过的《建议》，符合实践新要求，反映人民新期待。作为中国特色社会主义参政党，民进要发挥在教育文化出版传媒领域界别优势，发扬"立会为公"优良传统，调动各级组织和广大会员积极性与创造性，深入调查研究，积极建言献策，凝聚思想共识，以履职能力新提高和履职建言新作为，体现新型政党制度独特优势。

农工党中央在学习中认为，全会是承前启后、继往开来的一次重要会议，所确定的奋斗目标和任务，为农工党各级组织和广大党员履职建言指明方向、提供遵循。农工党要紧紧围绕全会提出的重大战略部署，密切结合"健康中国""美丽中国"工作主线，积极履行好作为新时代中国特色社会主义参政党的使命。

致公党中央在学习中认为，全会是在全面建成小康社会胜利在望的关键时刻召开的一次重要会议，为开启全面建设社会主义现代化国家新征程指明了方向。致公党全体党员要把思想和行动统一到中共中央决策部署上来，把力量凝聚到为实现社会主义现代化远景目标奋斗中去，围绕"十四五"规划制定实施积极建言献策，夺取全面建设社会主义现代化国家新胜利。

九三学社中央在学习中认为，全会审议通过的《建议》，确定"十四五"时期的指导方针、重要原则和重要任务，提出了 2035 年远景目标建议，指明未来发展航向，符合国情、顺应时代、体现民意。九三学社要大力弘扬爱国、民主、科学优良传统，为"十四五"规划制定实施贡献九三学社力量。

台盟中央在学习中认为，全会通过的《建议》主题鲜明、立意高远、目标明确、措施有力、意义重大。台盟全体盟员对全会通过的各项决议完全赞同、坚决拥护。台盟要把认真学习贯彻全会精神作为当前和今后一个时期的重要政治任务，努力为两岸融合发展架桥铺路，为实现祖国统一大业作出新贡献。

全国工商联在学习中认为，全会作出的把科技自立自强作为国家发展的战略支撑、构建高水平社会主义市场经济体制、实行高水平对外开放等重大部署，极大提振了民营经济人士发展信心。全国工商联将引导民营企业把握高质量发展主题，牢固树立新发展理念，不断提升技术创新能力，踊跃投身构建新发展格局，助推我国经济塑造发展新优势。

无党派人士在学习中认为，全会通过的《建议》，为无党派人士投身全面建设社会主义现代化国家新征程吹响了集结号。无党派人士广泛分布在科教文卫等领域，要发挥人才智力优势，把思想和行动统一到中共中央决策部署上来，将智慧和力量凝聚到为"十四五"规划目标奋斗中去，在新时代奋发有为、不懈进取，为实现中华民族伟大复兴的中国梦作出贡献。

（新华社北京 2020 年 11 月 3 日电）

乘风破浪　坚毅前行
——党的十九届五中全会精神鼓舞广大知识分子和
　　青年学生创造美好明天

一头接续即将挥就的百年史诗，一头开启第二个百年的恢弘篇章。

连日来，广大知识分子和青年学生认真学习党的十九届五中全会精神，表示将砥砺前行、开拓创新，汇聚起开启全面建设社会主义现代化国家新征程的强大力量，创造更加美好的明天。

有底气：在更高水平上谋划发展

稳经济、促发展、战疫情、斗洪峰、化危机、应变局……大战大考之下，决胜全面建成小康社会取得决定性成就，为新征程积蓄底气和力量。

仔细研读党的十九届五中全会公报，湖北省社会科学界联合会主席、华中师范大学党委书记赵凌云说，包括抗疫斗争在内的一系列胜利，展示了制度优势有效转化为治理效能，中国共产党的领导更加坚强有力，中国特色社会主义制度展现出显著优越性和强大生命力。

"十三五"期间，我国取得的重大科技创新成果举世瞩目。

中国航天科技集团五院技术顾问、中国科学院院士叶培建说，发射"嫦娥五号"，从月球采样返回；"天问一号"完成近火制动等高难度任务……未来还有许多艰巨挑战，随着逐梦深空、探索未知的步伐迈得更稳、更远，中国自力更生、自主创新推进航天强国建设的雄心壮志也将最终实现。

聚光灯下，翩若惊鸿的身姿演绎着中国芭蕾特有的内涵与底蕴。《红色娘子军》《牡丹亭》《黄河》等优秀作品在世界舞台上讲述中国故事、传扬中华文化。中央芭蕾舞团团长、艺术总监冯英表示，"十三五"时期，我国文化事业和文化产业繁荣发展，为引领社会新风尚、满足人民新期待、激发新活力提供了精神支撑。

在各大高校的论坛上，"十九届五中全会"是大家热议的话题，青年人的激情因祖国的伟大成就而澎湃："一个个高光时刻、精彩瞬间，标注中华民族伟大复兴征程上的关键节点""中国拥有战胜前进道路上一切艰难险阻的信心和力量""因祖国骄傲，为祖国点赞"！

有方向：在更高目标上迎接挑战

大国方略，举世瞩目。站在"两个一百年"历史交汇点上，党的十九届五中全会对开启全面建设社会主义现代化国家新征程作出战略决策。

"这充分体现了党中央高瞻远瞩、总揽全局的战略眼光。"兰州大学马克思主义学院党委书记蔡文成认为，全会乘势而上，设定"大目标"、实施"大战略"、制定"大举措"，为推进全面建设社会主义现代化强国开好局、起好步，凝聚了人心和力量。

15年后，中国会是什么样？那时的我们又会怎样？这是中国青年的憧憬之问。

江南大学生物工程学院2020级硕士研究生张永杰认为，全会擘画的新发展蓝图，正是青年人的奋斗坐标。

他告诉记者，自己的家乡河北省馆陶县曾饱受化工污染之苦，是科技创新的力量让这个贫困县面目一新。"我们用粮食作画，发展粮食手工艺品，优化发酵工艺条件以提升酒的风味和品质，产品销路大大拓宽。"

"从'十四五'到2035，恰是我们青春最美好的时光，也足够我们这一代人成长为有理想、有本领、有担当的中流砥柱。"张永杰说,现在我们所要做的,就是学习好自己的专业知识,为中国特色社会主义的航船继续乘风破浪积蓄力量。

深秋时节,收割机隆隆作响,我国粮食生产再获丰收。乡村振兴是实现农业农村现代化的关键,党的十九届五中全会吹响"全面推进乡村振兴"的进军号角。

"这让我更加坚信,自己所从事的研究是有意义的。"中国人民大学农业与农村发展学院2020级博士生高笑歌说,广阔的田野是最好的课堂,也是最广阔的成才舞台,自己要脚踏实地,把论文写在祖国大地上。

有决心:在更高起点上续写辉煌

以众人之力起事者,无不成也。

每年寒暑假,中央民族大学管理学院2019级研究生伊力尔江·哈力克都会争取参加各种志愿活动——参与社区服务、前往山区支教、给家乡父老讲述生动真实的民族团结故事。

"我来自新疆,目睹了天山南北翻天覆地的发展变化。我们是新时代的见证者和受益者,也要做新时代的建设者和贡献者。"伊力尔江·哈力克说,中华民族的历史是各民族共同书写的,中华民族的未来也要由各民族共同创造。年轻一代要从点滴做起,万众一心、不懈奋斗,为夺取全面建设社会主义现代化国家新胜利贡献青春力量。

梳理规划《建议》,"强国"是高频词。湖南师范大学教授钟毅平深感重任在肩:"我们要紧紧围绕教育强国、人才强国建设目标,牢记为党育人、为国育才使命,全面落实立德树人根本任务,为全面建设社会主义现代化国家新征程提供源源不竭的人才支持。"

1990年出生于山东的王冬,以王二冬为笔名,为快递小哥书写了系列诗歌。"用自己的亲身经验书写行业、为新时代的成就鼓与呼,这是我作为一名新时代青年参与文化强国建设的最好方式。"王冬说。

青年之于祖国的担当亘古不变。"到2035年，中国繁荣昌盛，我们风华正茂。我们是中华民族伟大复兴的接力者，在这场向着梦想的征程中，将以我之青春，共中国之荣光。"北京大学国际关系学院2017级博士生陈正勋说。

（新华社北京2020年11月4日电）

奋发新青年　逐梦新征程
——各地青年学习贯彻落实五中全会精神观察

"五中全会描绘了清晰的蓝图,在这个最好的时代里踏上新征程,我们有动力,有信心!"

"按照五中全会的部署,把我们的青春力量转化为强大的发展动能,强国目标一定能实现。"

"五中全会精神激励我们明确目标,创新攻坚,加强关键核心技术研发、实现高质量发展,我们一定行!"

……

连日来,新华社"五中全会精神在基层"融媒体采访小分队深入田间地头、工矿车间、企业医院等地。采访过程中,以上这些来自各地各界青年人的心声让我们印象深刻。

他们以青春之力,让传统产业焕发新生机,让创新之路充满新动力,让发展未来充满新希望。他们满怀强国信心,在全面建设社会主义现代化国家的新征程上逐梦前行。

开拓新思路，他们这样创造未来

正值柚子成熟上市的季节，四川广安龙安乡革新村驻村第一书记金达芾一边忙着鲜果销售，一边忙着村里网售农产品的打包发运。从商务部派驻到革新村两年多以来，33岁的金达芾与村民和其他派驻干部一起，实现了革新村的"革新"：对柚子生产进行精细化管理提升品质，建立电商站点开展网上销售，出镜直播帮农民销售村里的绿色特产……

革新村虽然已经脱贫"摘帽"，但金达芾的思路已经跑得更远。"等到我们离开时，必须让革新村能够自己'立起来'。"金达芾介绍说，他和同事正在帮村里的青年人练就宣传推介、销售服务等"全套本领"，只有这样，革新村才能一直"新"下去。

采访中记者发现，一些"80后""90后"乃至"95后"个人和团队，正在用新的思路，实现着不凡的改变。

——在他们手中，复杂的事情可以变得很简单。"传统多级批发的药品流通模式效率不高，层层转销也导致价格居高不下，我们就是要用互联网技术改变这一现象。"今年34岁的武汉小药药医药科技有限公司首席执行官李萌说，投身互联网药品流通行业5年来，他们的服务体系让药品实现从生产厂商到药店和诊所的"直达"，服务全国20多个省区市的超过30万家终端药店和基层诊所，效率明显提升。

"五中全会提出全面推进健康中国建设，使卫生健康体系更加完善。这让我们创新的方向更明确，更好地为广大群众服务。"李萌说。

——在他们心中，"夕阳"也可以变得朝气蓬勃。云南昆明官渡区养老综合服务示范中心的天台上，记者见到24岁的护理部主任杨娇蓉时，她正在耐心地询问老人的身体状况。杨娇蓉和"95后"的同事们与这些老人的孙辈几乎同龄，刚来时也受到过"干不了多久就会走"等质疑。然而，她们不仅出色地完成了为老人们喂饭、擦洗等工作，平时还用不少"巧心思"让老人们变得开朗乐观，受到大家一致认可。

"实施积极应对人口老龄化国家战略,对于我们来说更要把日常的服务做好,让更多年轻的伙伴加入这个充满希望的行业中。"杨娇蓉说。

——在他们眼中,所有人都可以变得自信美丽。运用多项独创技术,39岁的美图公司创始人兼 CEO 吴欣鸿和年轻的团队着力打造影像实验室等创新平台,成果应用于线上线下很多业务场景,让用户不仅在虚拟世界里更美,更在现实生活中找到自信。

"随着'变美'产业的大数据时代到来,我们要将更多科技融入生活,帮助更多人变美。"吴欣鸿说。

激发新动力,他们这样加快步伐

在位于成都双流的中国商飞四川分公司里,一架性能先进的 ARJ21 模拟机即将安装到位。出生于 1987 年的姜毓琦带领"95 后"为主的团队,最近为了掌握模拟机操控技术忙到没空回家。该项目在飞行模拟系统、飞机系统和飞行技术方面,均要求有超高水准。经过三个月的日夜鏖战,他们通过了重重考核,具备了以往需要一年才能掌握的岗位资质和能力。

"五中全会描绘了清晰的蓝图,在这个最好的时代里踏上新征程,我们有动力,有信心!"姜毓琦说,飞行训练做得越扎实,国产飞机才能飞得越安全,建设交通强国、发展壮大航空产业的底气就更足。

新征程上的强国目标,让奋战在各条战线上的青年人,用不懈的探索和实践,缩短实现目标的时间表。

陕西西安,陕汽集团重型卡车装配线上,每6分钟左右就有一台产品下线。"我们不断优化每一个流程,运用新技术,从几年前单台10分钟缩短到如今的6分钟,现在我们仍然在细节上不断优化,效率会越来越高。"集团总装配车间副主任季翔说,"五中全会精神激励我们明确目标,创新攻坚,加强关键核心技术研发、实现高质量发展,我们一定行!"

湖南株洲,株洲中车时代电气股份有限公司制造中心里,35岁的生产技术部部长李昌龙和团队研发的变流模块智能制造样板线充满"未来感",智能化的单元线模式中,一个个作业岛上全是各种人机交互的系统界面。

五中全会提出,坚定不移建设制造强国,推进产业基础高级化、产业链现代化,这让李昌龙备受鼓舞。"我们一直在缩小自身与先进智能制造产业的差距,在轨道交通行业,我们一定有能力成为制造强国。"李昌龙说,"按照五中全会的部署,把我们的青春力量转化为强大的发展动能,强国目标一定能实现。"

无人机集群系统产品在第三届进博会上备受关注,不少欧美、东南亚等地客商都表达了合作意愿,这让39岁的天津大学教授齐俊桐信心倍增。5年来,他创办的一飞智控(天津)科技有限公司产品线不断丰富,应用于飞行表演、救援等行业,申请专利180余项,新产品的研发速度正在逐步加快。"五中全会提出,坚持创新在我国现代化建设全局中的核心地位。青年人热爱创新,创新才有希望,新征程才会更加精彩。"齐俊桐说。

瞄准新目标,他们这样砥砺前行

走进广州生物岛实验室展厅,一项项瞄准重大呼吸传染病、干细胞与再生医学等领域的科研成果展示在记者面前。一套外形轻巧的新冠病毒快速检测设备吸引了记者目光。

参与研发这款产品的是广州普世利华科技有限公司,其核心团队成员多为"85后""90后"博士及副教授。疫情期间,根据生物岛实验室统一部署,他们紧急启动新冠病毒快速检测研发项目,开发兼顾准确、低成本、操作简便的检测方案。

"五中全会明确了目标,我们迎来了奋斗的黄金时期,随着国家在科技成果转化等方面对科研人员不断推出好政策,我们更要埋头做好自己的事,让好的成果惠及更多人。"普世利华CEO陈翀说。

新冠肺炎疫情期间,武汉大学人民医院东院心内科党支部书记、副主任余锂镭与相关科研团队合作开发纳米孔靶向测序技术和人工智能影像诊断系统等成果，为快速识别和诊治新冠肺炎患者提供了重要支持。这位致力于研发新技术、运用新成果的"80后"医生，所在的团队积极探索通过无创神经调控技术防治心血管疾病，获得了多项国际国内奖项。

"我希望能将基础研究所得知识转化为产品，转化为中国制造的好器械、好药物，造福广大患者，为建设健康中国作贡献。"余锂镭说。

在云南大理洱海畔忙碌的熊英力也是一位"医生"，他医治的是这片当地人赖以生存的水域。作为环洱海生态廊道指挥部工程部的副部长，熊英力几乎全年无休，优化工程设计，监督施工质量，为的就是让一度受到重创的洱海重现澄澈。

"五中全会提出，推动绿色发展，促进人与自然和谐共生。把洱海这个重大生态系统保护修复做好，为子孙后代守住绿水青山，这是我们这一代青年人的使命。"熊英力说。

新的目标，正在激励越来越多青年人挥洒汗水，砥砺前行。

在贵州山区农村，一款名为"通村村"的农村客运服务软件帮助农民实现了预约购票、掌握客运班车实时位置等功能，并且正在打造综合为农服务平台。"五中全会提出建设数字中国，我们就是想运用数字技术打通乡村内循环，连接城乡大市场。""通村村"创始人罗永安说。

在陕西富平，31岁的流曲镇双杨村村民向斌养奶山羊养出了新"花样"，自动挤奶器、饲喂机、清粪机等新设备的加入，让养殖走上了科学、绿色、洁净的轨道。"五中全会提出，提高农业质量效益和竞争力，这鼓舞着我帮村民继续扩大产业规模，拓宽销路，提高市场竞争力。"向斌说。

在北京中关村国家自主创新示范区，易捷行云创始人兼CEO陈喜伦专注于自主研发以国产化处理器、国产化操作系统为底座的信创云，力求解决关键基础软件的自主安全问题。创业6年间，掌握自主核心技术的易捷行云已经成为私有云领域的佼佼者。陈喜伦说，按照五中全会精神的指引，他们将继续加大自主研发创新力度，与国家深入实施创新驱动发展战略同频共振。

青春在奋斗中闪光。广大青年表示,在五中全会精神指引下,他们会以更饱满的热情和更强的斗志,在新征程上谱写新时代的青春之歌。

(新华社北京2020年11月16日电)

开启新征程的基层实践：
危机中开先机　变局中开新局

面对世界百年未有之大变局，我国如何在危机中育先机、于变局中开新局，为全面建设社会主义现代化国家新征程开好局、起好步？基层的实践中蕴含着值得借鉴的好做法好经验。

★★★★
全面建设社会主义
现代化国家热点解读

走，去京津冀看看协同发展新气象

作为机场界新晋网红，北京大兴国际机场已成为旅游"打卡地"。

机场冠名"北京大兴"，坐落于京南地区与河北廊坊广阳区相连区域。始于天津西站的机场联络线，规划归天津，建设在河北……

你中有我，我中有你。北京大兴国际机场的建设形象地折射出，京津冀如同一朵花上的花瓣，瓣瓣不同，却瓣瓣同心。

正值全国上下深入学习贯彻党的十九届五中全会精神之际，这片拥有1亿多人口、面积21.6万平方公里的热土，在京津冀协同发展的大蓝图下，正经历着怎样的变化？走，跟新华社记者看看去。

牵住"牛鼻子"

"又变样了！国庆节时才建到5层，现在看着有10层高了。"

5日，在雄安新区开发建设先行区容东片区工地外，几位搬迁村民指着远处一栋在建的安置房，兴奋地对记者说。

根据规划，容东片区能满足7万当地居民回迁和10万外地居民搬迁入住需求。

京雄城际铁路雄安站加快建设，会展中心主体结构封顶，地下雄安有序布局……"未来之城"正拔节生长。

"我们将着眼于建设北京非首都功能疏解集中承载地，全力打造一批精品、标杆工程。"雄安新区党工委委员、管委会副主任吴海军说，上半年固定资产投资大幅增长，雄安新区加速动起来了。

最新数据显示，截至今年10月底，雄安新区本级注册企业3062户，其中北京投资来源的企业2571户，占比83.96%。

疏解北京非首都功能，是京津冀协同发展的"牛鼻子"。北京疏得出，津冀能否接得住、留得下？

"北京中关村有的，这里有；没有的，这里创。"这是天津滨海—中关村科技园工作人员常挂在嘴边的一句话。

作为京津合作的新高地，北京中关村的创新动力与天津滨海新区优质的配套服务"手拉手"，一起唱大戏。

"政府一门心思为企业做好服务，企业可以专心搞研发。"天津飞图同辉科技有限公司总经理梁红生说，落户、看病、就学，当地政府都有优惠政策，为吸引优秀人才奠定了基础。

"今年前9月，园区新增注册企业441家，引进的北京企业占五分之一。"天津滨海—中关村科技园办公室副主任邢其冬感叹道，现在企业看重的不再是一点补贴、一项优惠政策，而是营商环境和未来前景。

不仅是滨海新区，在天津市武清区、宝坻区、西青区……天津构建的"1+16"承接格局发挥着强劲的磁场效应。2019年，京冀企业来津投资到位资金1470.67亿元，占天津全市实际利用内资的51%。

京津冀三地紧密联动、高效协同，"一加一大于二、一加二大于三的效应"日渐显现。

北京，正在蝶变。

人少了：北京市常住人口自2017年首次负增长后连续3年保持负增长；产业更加高精尖：规模以上高技术制造业增加值实现近两位数增长；动能转换加速：2019年，实现新经济增加值12765.8亿元，按现价计算，比2018年增长7.5%……

"我们将以疏解非首都功能为'牛鼻子'，加快北京'两翼'齐飞，畅通三地循环,加强产业链、创新链协同布局,形成优势互补、相互促进的区域经济布局。"北京市发改委主任谈绪祥说。

打造动力源

三地辗转调研,一路新风扑面。

党的十九届五中全会提出,"坚持创新在我国现代化建设全局中的核心地位"。人们期待,一个创新活力迸发的京津冀。

位于北京西北五环外的中关村国家自主创新示范区,处处涌动着创新热潮。在中科曙光的展厅里,记者看到一台主板泡在"水"里依然能正常运转的服务器。

"这是全球第一款已经量产的高密度浸没式相变液冷服务器,能大幅降低数据中心能耗。"中科曙光高级副总裁任京旸说,五中全会为创新指明了方向,我们将铆足劲走科技自立自强之路。

他表示,中科曙光将以天津为中心发展先进计算,把京津冀建设为先进计算高地,助力高端制造、生命科学等新兴产业发展。

在雄安市民服务中心,海绵绿地、智能路灯、生态停车场、人脸识别的无人超市、无人驾驶汽车……各种创新元素,共同搭建起"智慧城市"的雏形。

打造京津冀高质量发展的动力源,既要依靠自主创新,也要向改革要答案。

采访中,一些人士表示,京津冀协同发展纵深推进,将面临更多跨区域政策协调、利益分享等深层次协同,这需要更大魄力和更多智慧,让北京愿意放,河北、天津等地愿意接。

河北省发改委有关负责人表示,将以体制机制改革创新为重点,在跨区域政策协同、利益补偿分配、公共服务均等化等重点领域,开展政策创新。"有事多商量,有事好商量,三地一定能够实现共赢。"

身处京津冀,"就近拜师"有条件;跳出京津冀,"全球学艺"机会多。加快协同发展,既要对内协作,也要对外开放。

渤海湾畔的天津港，是京津冀的海上门户。

作为"一带一路"重要的"中转站"，天津港同世界上200多个国家和地区的800多个港口保持贸易往来。"仅今年，天津港集团就开通了9条内外贸新航线。"天津港股份有限公司业务部副总经理任伟介绍。

古代海上丝绸之路，今日成为京津冀向海而兴的航道。

"未来的天津港，将努力为中国扩大对外开放、为全球贸易便利化提供更好服务，为形成以国内大循环为主体、国内国际双循环相互促进的新发展格局贡献力量。"天津港集团党委书记、董事长褚斌说。

创造新生活

中关村第三小学雄安校区的前身是雄县二小。整洁的草坪上，学生们在体育老师的带领下，正在进行丰富多彩的体育活动。

2018年3月，北京援助雄安新区4所学校挂牌成立。有着30多年教龄的中关村第三小学教师张文峰，被抽调到雄安校区担任执行校长。

"新区三县教育资源薄弱，对接后，12位骨干教师组成的援教团队入驻雄安校区，努力让孩子们享受到好的教育。"张文峰说，现在孩子们变化很大，比以前更有想法和创意。

五中全会提出建设高质量教育体系，这让张文峰倍感责任重大。"我们一定不断创新工作机制，提高教师教学水平，推动京津冀地区教育更优质、更均衡。"

坚持以人民为中心，不断增强人民群众获得感，是京津冀协同发展的出发点和落脚点。

从天津市津南区绿色生态屏障瞭望塔远眺，眼底尽是绵延的林带和草地，蜿蜒的海河泛起粼粼波光。这是一道面积达736平方公里的绿色生态屏障，也是环首都生态屏障带的重要组成部分。

前些年，这里的生态空间被侵蚀、削弱。经过污染治理和综合"织绿"，环境变了，生态好了，百姓也有了浓浓的幸福感。

"空气倍儿新鲜，喘口气都痛快。"天津市津南区双桥河镇东泥沽村村民徐振洪说，"现在的绿色发展理念，我们打心眼里拥护！"

天津市津南区农业农村委员会主任刘凤春说："'十四五'期间，我们将用'绣花功夫'对已建成的绿色屏障提升改造，营造人与自然和谐共生的家园。同时开展旅游、碳汇交易、林果栽植等产业探索，发挥'绿水青山'的经济价值。"

就医看病，事关百姓切身利益。优化医疗资源配置成为京津冀协同发展的重要抓手。

与北京通州一河之隔的河北燕达医院，曾面临门可罗雀的尴尬。受益于京津冀协同发展以及北京朝阳医院医疗专家团队的派驻，燕达医院被认定为京冀跨省异地就医直接结算定点医疗机构，又成为河北省首家获批的民营三甲综合医院。

"现在看病都在家门口，北京专家坐诊！"河北省三河市燕郊的老百姓切实感受到看病的方便。

以人民为中心，以绿色为底色，以改革创新为动力。京津冀协同发展进行曲激荡时代潮，写满获得感、幸福感。

（新华社北京 2020 年 11 月 9 日电　新华社记者王敬中、谭谟晓、白佳丽、曹国厂、盖博铭）

从"大象漫步"迈向"千羚竞驰"
——山东以新旧动能转换推动高质量发展

山东济南，泺口浮桥渡口旁，随着"泰山号"盾构机巨大刀盘破土而出，被誉为"万里黄河第一隧"的济南黄河隧道工程东线隧道贯通。

这一幕，发生在党的十九届五中全会闭幕次日。隧道一头牵着济南老城，一头连着建设中的济南新旧动能转换先行区。

济南，由"大明湖时代"阔步迈向"黄河时代"；山东，一场新旧动能转换的深刻变革正翻开新篇章。

以"减法"腾出发展新空间

谈到3年前关停全部650万吨炼钢炼铁产能时，济钢集团总经理苗刚仍感慨万千。

"从'靠钢吃饭'到'弃钢发展'，我们的转型艰苦却又坚定。"他告诉记者，济钢新材料、高端装备制造、现代物流等产业逐步成长，企业营业收入已接近关停钢铁产能前的水平，员工收入明显提升。同时，通过"挖矿"废旧汽车拆解、建筑垃圾循环利用等产业，济钢正从"排污大户"转变为"用污大户"。

五中全会提出，在"十四五"时期，我国生产生活方式绿色转型成效显著，能源资源配置更加合理、利用效率大幅提高，主要污染物排放总量持续减少。

从靠钢到弃钢，由排污变用污，济钢转型的历程，恰是山东推动新旧动能转换、追求高质量发展的一个缩影。

山东是经济大省，也是排放大省。山东省发改委主任周连华介绍，2018年以来，山东累计关闭"散乱污"企业11万户，占全省企业总量3%以上；化工园区从近200家压减到84家，减少六成；今年前三季度，山东省规模以上工业企业累计压减煤炭消费4355万吨，减量超过全省煤炭总消耗的十分之一。

以壮士断腕的勇毅，淘汰压减落后产能，让新动能有了成长空间。近年来，世界高端铝业基地、山东重工商用车生产基地等重大项目陆续落地，山东省石化、冶金、钢铁、汽车等传统行业转型升级获实质性推进。

"3年内，我们还将退出地炼产能3000万吨以上。"周连华说，山东省将在五中全会精神指引下，持之以恒上大压小、上新压旧，持续为新动能加快成长腾出宝贵空间。

以"加法"培育新增长动力

地上集控室内，采煤工人轻点鼠标；井下400多米，割煤机按照指令开始工作。

"穿着西装、打着领带就把煤采了！"这一转变得益于山东能源集团正在大力推行的"智慧矿山"建设。山东能源集团董事长李希勇说，煤炭开采这一传统行业，嫁接一键启动采煤、智能机器人自动巡检、掘进工作面远程操控等新技术，迸发出全新活力。

落实五中全会关于"加快发展现代产业体系，推动经济体系优化升级"的要求，山东加速推进传统产业智能升级改造。

山东省提出，力争到2022年底，每年完成万项技改、推动万企转型、完成4000亿元投资；重点行业智能化水平达到国内先进，规模以上工业企业智能化技术改造覆盖面达到70%。

"五中全会提出,推进产业基础高级化、产业链现代化,提高经济质量效益和核心竞争力。"山东省工信厅厅长于海田说,山东省将围绕22个重点产业,集中打造70个雁阵型产业集群、105个龙头企业;选择重点行业和重点产业链,明确链主企业和重点配套企业,优化产业链供应链创新链体系。

面向新发展阶段,素以"大象经济"著称的山东省,正着力培育代表新经济和高成长性的"瞪羚企业"和"独角兽",对这些企业分类指导,强化资源配置和政策供给。山东省提出,力争到"十四五"末,实现从"大象漫步"向"千羚竞驰"的转变。

以"乘法"激增创新活力

今年9月,潍柴集团在济南发布全球首款突破50%热效率的商业化柴油机,刷新全球柴油机热效率的新高度。

支撑这一突破的,是潍柴集团在创新上的久久为功。记者从潍柴集团了解到,最近10年,这家企业在发动机业务上累计投入研发费用300亿元,占期间费用的48%。

按照五中全会"坚持创新在我国现代化建设全局中的核心地位"的精神,山东省紧贴新动能成长需要,大力提升自主创新能力,以创新的乘法效应增强高质量发展活力。

近3年来,山东省设立高等技术研究院、产业技术研究院等新型研发机构,实施了600多项重大基础研究项目和重大科技创新工程,一批核心关键技术正在攻克中。山东省还将每年投入120亿元以上财政资金,支持重大科技项目。

"在创新团队和高端人才的引进上,对优惠政策不设上限。"山东省委副秘书长田卫东说,山东实施领军人才"筑峰计划",首批确定30名左右顶尖人才培育人选;今年为1144名外国专家办理来华工作许可,比去年同期增长25%。

在一系列"算法"的推动下,山东省新旧动能转换进展明显,经济结构显著优化。

今年前三季度,山东省生产总值同比增长1.9%,高于全国1.2个百分点;新技术、新产业、新模式、新业态投资占比达到48.6%,"四新"经济增加值占比全年有望突破30%,比2017年提高8.3个百分点。

"作为全国第一个国家级新旧动能转换综合试验区,山东省基本实现了'三年初见成效'的预期目标。"田卫东说,在五中全会精神指引下,山东将持续以动能转换塑造山东发展新优势,在新发展阶段书写高质量发展的齐鲁答卷。

(新华社济南2020年11月4日电 新华社记者陈灏、刘红霞、陈国峰)

"做难而正确的事"
——在中关村感受创新加速度

深秋时节,北京凉意渐浓。走进位于西北五环外的中关村国家自主创新示范区,这个充满朝气和活力的现代园区,处处涌动着创新的热潮。

正值全国上下深入学习贯彻党的十九届五中全会精神之际,新华社记者踏上这片热土,从一个个鲜活故事中,感受创新加速度,探寻高质量发展密码。

"做难而正确的事。"这是私有云企业易捷行云创始人兼CEO陈喜伦工作笔记本扉页上的一句话,正是凭着这股韧劲儿,易捷行云走出了一条难度高却潜力无限的自主创新之路。

2014年,陈喜伦离开工作8年的外企开始创业,专心开发兼容全球主流技术生态的云平台,并自主研发以国产化处理器、国产化操作系统为底座的信创云,力求解决关键基础软件的自主安全问题。

"云计算是数字化转型的引擎。"陈喜伦说,私有云的作用是驱动传统行业数字化。"我们坚持全球视角,基于开源技术进行自主研发。拥有核心技术,才能拥有核心竞争力。"

信念如种子,能在岩缝中萌生。仅仅6年时间,易捷行云已经成为私有云领域的佼佼者。员工从创业之初的9个人发展到现在的三四百人,政务云、金融云、教育云等服务于国内外千余家机构,今年第三季度营收与去年全年营收持平……

"我们的创业目标是打造来自中国的以开源生态为基础的世界级云计算

企业。"陈喜伦说,公司将加大自主研发创新力度,与国家创新驱动发展战略同频共振。

创新,从中关村国家自主创新示范区成立的那天起就一直在涌现,并成为企业奋力追赶国际先进水平的法宝。

在中科曙光的展厅里,记者看到了一台主板能泡在"水"里的服务器。服务器在正常运转的同时,"水"里还不时冒着气泡,起到散热的作用。

"这可不是普通的'水',而是绝缘、低沸点的电子氟化液。"中科曙光高级副总裁任京旸说,传统服务器超过一半的耗能都用在了冷却设备上,因此降低冷却耗能是数据中心节能的关键。

他说,这是全球第一款已经量产的高密度浸没式相变液冷服务器。中科曙光经过多年研发与实践,掌握了行业领先的"全浸没液冷"技术,将加速全国的数据中心步入"液冷"时代。

"我们在创新的道路上从未犹豫过。"任京旸说,"十三五"时期,我们真切地感受到,营商环境、创新环境和投资环境不断优化,企业发展信心越来越足。

对于即将到来的"十四五",任京旸充满期待,"党的十九届五中全会提出坚持创新在我国现代化建设全局中的核心地位,令人振奋。我们将围绕重点研发项目,加大资源投入,走科技自立自强之路,助力经济高质量发展。"

记者走访发现,掌握更多具有自主知识产权的关键技术,从而掌握产业发展主导权,这已经成为中关村企业的共识。

想象这样一个场景:一名建筑工人,带着智能手机进了工地,从当日干活清单到物料用量,每一个环节都被精细管理。戴上智能安全帽,一天的工作轨迹都不再需要人工记录。

实际上,这样的画面已在很多建筑项目工地上实现。数字建筑平台服务商广联达科技股份有限公司助理总裁陈晓峰说,数字化是传统行业转型发展的必经之路,也是关键一跃,传统建筑业正由粗放变得精细。

他说,在北京大兴国际机场旅客航站楼及综合换乘中心的钢结构工程整体造价解决方案中，因为有了数字化的全流程助力，工程算量时间节省90%。

"在建设环节，以钢筋为例，裁切、加工、安装等环节实现数字化后，可更高效使用原材料，避免浪费、减少污染。"陈晓峰说，广联达所有项目解决方案都建立在自主研发的平台上。近五年，公司每年研发投入占营业收入比重都超过28%。

谈及未来，陈晓峰满是憧憬，"明年'十四五'规划将迎来开局之年，广联达将以创新为动力，以数字为纽带，为'中国建造'高质量发展'添砖加瓦'，让公司发展的'小目标'与国家发展的'大图景'紧密互动。"

云计算、绿色节能、数字建筑……在中关村这片土地上，创新的脚步从未停歇。

"未来我们将聚焦科技成果转化和产业化核心任务，加快建设世界领先科技园区和创新高地，为我国建设世界科技强国作出更大贡献。"中关村管委会主任翟立新说。

新的征程，新的奋斗。中关村有一张年轻的脸，创新是它永恒的灵魂。

(新华社北京2020年11月4日电　新华社记者谭谟晓、盖博铭)

大学生"羊倌"成了致富"领头羊"

天刚蒙蒙亮,向斌就提着一筐草料走进自家羊圈。原本安静的羊圈瞬间喧闹起来。近200只膘肥体壮的奶山羊欢实地跑到食槽边吃草,几只小羊羔不时从围栏缝隙中探出头来,舔舐向斌的手。

"每只羊都是我家的一个'小银行',可得小心伺候着。过段日子是奶山羊的产仔期,估计要更忙活了。"向斌笑呵呵地说。

今年31岁的向斌是陕西省富平县流曲镇双杨村村民,也是当地小有名气的大学生"羊倌"。2012年从西北农林科技大学畜牧兽医专业毕业后,他毅然选择返乡从事奶山羊养殖。八年过去,向斌家的奶山羊农场已发展成日产鲜羊奶500公斤、年利润超过20万元的大事业。

大学生为啥回村当"职业羊倌"?

富平县有悠久的奶山羊养殖历史。"我们村基本家家户户都养几头奶山羊,我从小就喝羊奶,对羊儿们很有感情。"向斌介绍,富平县近年来将奶山羊产业作为当地脱贫致富的支柱产业来大力扶持,产业规模不断扩大,产值持续提高,发展前景广阔。

"我也希望能借助我的所学,用科学养殖的设备和技术改变我们村原来粗放的养殖方式。"向斌说。

自动挤奶器、饲喂机、清粪机、B超机……这些让同村人感到新奇的设备陆续走进向斌的农场,既为他省时省力,也让奶山羊得到更科学的照料,长得更壮,产奶更多。同时,向斌用人工授精技术取代自然配种繁殖,提高了奶山羊的繁殖率。

作为富平县乡村振兴农业专家服务团的一员,向斌也经常与村民交流养殖奶山羊的经验,为村民提供饲养、防疫、配种等方面的技术指导,引导乡亲们走上科学养殖的道路。

从最初的几十只羊到如今的近200只,科学的养殖方法帮助向斌不断扩大养殖规模。他的钱包也越来越鼓,在县城买了房和车,一家五口的日子越过越滋润。

"我媳妇当年不理解我,这几年也越来越支持我了。"与记者闲谈间,向斌掏出手机,点开一段视频。视频里,他的妻子正乐呵呵地为奶山羊准备"早餐"。

在向斌开设的个人短视频平台账号上,除了家人日常生活的视频,主要是他喂养、销售奶山羊的视频。向斌说,短视频平台已成为他拓宽销路的重要渠道,最近好几单生意都是这样谈成的。

"五中全会提出,提高农业质量效益和竞争力,这让我发展奶山羊产业的干劲更足了。"向斌说,希望能利用自己的专业知识,帮助村民继续扩大产业规模、拓宽销路、提高市场竞争力,让他们过上更好的日子。

(新华社西安2020年11月4日电 新华社记者刘昕宇、贺占军 参与采写:郭艳慧)

科技创新潮　涌动胶州湾

在胶州湾畔的山东港口青岛港，16台蓝色自动化桥吊正从来自全球各地的巨轮上卸载着集装箱。高速轨道吊在堆场上往来穿梭，自动导引车流转自如，重达数十吨的集装箱被轻巧抓起、精准堆码，现场空无一人，犹如科幻大片一般。

这是山东港口青岛港在无经验、无资料、无外援基础上，通过自主创新建设的全自动化集装箱码头，打破了国外严密的技术封锁，用3年走完了国外常规8年至10年的路。

"目前，自动化码头桥吊单机效率已全面超越人工码头，最高纪录达到每小时44.6自然箱。"青岛港国际股份有限公司副总经理张连钢说，"在自动化码头二期工程，我们自主研发以氢燃料电池组为自动化轨道吊提供动力，不仅设备自重减轻了，而且实现零排放。"

五中全会提出，坚持创新在我国现代化建设全局中的核心地位，把科技自立自强作为国家发展的战略支撑。科技创新的浪潮，正在胶州湾畔涌动。位于胶州湾地理几何中心的青岛国家高新技术产业开发区，数百家科技型、创新型企业在这里蓄势待发。

青岛悟牛智能科技有限公司研发的无人驾驶智能农机，能在果园、大田开展无人化的农药喷洒、杂草清理和水果采摘等作业，并在青岛市下辖的平度市落地了无人值守示范农场。

"疫情期间，我们利用自身技术优势，短时间内改装出无人驾驶消毒机器人,无偿捐赠到疫情防控一线,大幅降低了医护人员的劳动强度和更换防护用品次数。"青岛悟牛智能科技有限公司运营总监房克说。

在一新能源汽车项目建设中,中建电力建设有限公司山东分公司采用生态抑尘剂替代传统遮阳网,不仅能迅速捕捉并将微粒粉尘牢牢吸附,而且成本比遮阳网降低了15%,使用寿命则是遮阳网的2倍。

作为我国高铁列车核心研制基地,中车青岛四方机车车辆股份有限公司近年来引入数字技术,赋能高铁列车生产制造、运营管理和维护保养。

"一列在线运行的动车组,设有数千个数据监测点,每10秒发送一次数据。"中车四方信息系统运营主管工程师王川说,"这种基于大数据的运维模式,将传统被动式的故障后维修或定期修,变为主动预测性维护,能有效降低列车故障率,提高运维效率。"

据青岛市科技局统计,今年上半年,青岛市培育2855家科技型中小企业,总数已超过去年全年;推动3家高新技术企业上市或过会;青岛科创母基金签约首批合作的4只子基金,总规模已接近20亿元。

万米级深海水下滑翔机刷新下潜深度世界纪录,时速600公里高速磁浮交通系统研制进入工程化应用"冲刺期",西太平洋科学观测网的实时潜标数据汇集至此……科技创新正成为青岛迈向新发展阶段、实现高质量发展的强劲动能!

(新华社青岛2020年11月5日电　新华社记者张旭东)

人与自然和谐共生的"天津实践"

近日的天津,气温骤降,位于中心城区和滨海新区之间的双城绿色生态屏障里游客却络绎不绝,景观凉亭里时不时地传出或高亢或婉转的歌声。赏美景、唱小曲、拍视频、发抖音,成为年过六旬的天津市津南区村民徐振洪和村里老伙伴们的新爱好。

为天津生态环境点赞的,不止游客。在七里海湿地,250余种前来栖息的鸟儿"用脚投票";渤海湾畔,国家一级保护鸟类遗鸥,二级保护鸟类纵纹腹小鹀和红隼也前来"报到"。这些年,天津下大力气推进生态文明建设,坚决守护永续发展的最大本钱。

党的十九届五中全会作出"推动绿色发展,促进人与自然和谐共生"的重要部署,点燃属于这个秋天浓烈的色彩,一幅更加绮丽的生态画卷,正在津沽大地铺展。

筑牢"绿色屏障"

大绿野趣、色彩斑斓。

站在五层楼高的津南区绿色生态屏障瞭望塔远眺,眼底是绵延的林带和草地,蜿蜒的海河泛起粼粼波光。

这是一条736平方公里的绿色生态屏障,面积相当于天津市中心城区的两倍,不仅避免了中心城区与滨海新区连为一体、城市"摊大饼"式发展,也是环首都生态屏障带的重要组成部分。

"建设这么大面积的'绿带',要有'风物长宜放眼量'的定力和执着。"天津市津南区农业农村委员会主任刘凤春说,仅津南区,超过80%的面积被划入绿色屏障中。

天津市城市规划设计研究院副院长周长林说,前些年,这里的生态空间被侵蚀、削弱。西青区的王稳庄镇便体会过阵痛。"上世纪80年代起,镇里小作坊多,水渠的水被染成五颜六色。"王稳庄镇副镇长孙龙说。

发展,决不以牺牲环境为代价。2017年起,王稳庄镇紧随天津市政策,陆续关停取缔各类污染企业400余家,随后,镇域内一半以上的面积被纳入绿色屏障中。

环境变了,生态好了,百姓有了浓浓的幸福感。徐振洪回忆,过去这里空气污染严重,可如今空气倍儿新鲜,喘口气都痛快,每月还拿着养老保险和退休工资,生活也倍儿舒心。"现在的绿色发展理念,我们打心眼里拥护!"

"'十四五'期间,我们将用'绣花功夫'对已建成的绿色屏障提升改造,营造人与自然和谐共生的家园。同时开展旅游、碳汇交易、林果栽植等产业探索,发挥'绿水青山'的经济价值。"刘凤春说。

呵护"京津绿肺"

今年31岁的晏希发,是宁河区七里海湿地自然保护区的一名巡查巡护队员。每天,他都需要带上望远镜,循着七里海湿地沿线巡查,一趟下来就是半天时间。

"每天数着栖息鸟儿的种类,看着湿地修复的进程,这就是我喜欢的工作。"他说。

被称为"京津绿肺"的七里海湿地,是中国北方的重要湿地之一,这里河道纵横、沼泽遍地、苇草丛生,是很多候鸟迁徙的中转站。

"过去多年来,由于核心区的苇田、水面由承包大户生产经营,人为分

三、开启新征程的基层实践：危机中开先机　变局中开新局 ★

割成了一个个'土围子'。核心区内外还兴建大量的旅游设施和饭店、农家院等，生态破坏严重。"天津市七里海湿地自然保护区管委会主任陈力说。

2017年开始，七里海湿地进行了彻底整改修复，宁河区对核心区、缓冲区土地以及全部苇田水面实行统一流转，结束了长达近40年"村自为战、割据管理"的局面，并逐步实施水源调蓄、苇海修复、鸟类保护等一系列工程项目。

"未来，我们希望打造生态环境智慧监测系统，无论是鸟类繁衍孵化情况，还是湿地水质变化，将通过科学化、技术化手段，形成高水平、高科技的系统。"陈力说。

柔抚"蓝色海湾"

永定新河入海口，交错纵横步道上，游客们畅行其间。不远处，一座现代中心驿站，为游客们提供着热饮和甜品。

"天津过去滨海不亲海，现在散着步就到了海边。"来自天津市蓟州区的艳阳天志愿者团队的匡博说，他们经过前期考察后决定，周末带着100多个志愿者来这里进行徒步活动。

今年刚刚建成的滨海新区中新生态城南堤滨海步道公园，过去是一片布满灰褐色污泥的滩涂。

渤海湾畔的天津市，去年出台了《天津市"蓝色海湾"整治修复规划（海岸线保护与利用规划）（2019-2035）》，致力于修复赖以生存的"蓝色海湾"。

滨海新区海洋局工作人员李海山介绍，规划实施以来，滨海新区湿地修复面积达到528公顷、岸线整治修复长度7.25公里。陆源、海域污染治理，生态保护修复等方面都取得了积极进展。

"通过修复，天津海岸边的滩涂正在变公园。"中新天津生态城建设局副局长崔捷说，海岸线美了，鸟儿们也来落脚，今年，不少保护鸟类开始栖息在海岸边。

"作为一名基层工作者，体会到了增强生态文明建设的紧迫感和责任感。"

李海山说,"十四五"期间,滨海新区将按规划实施 26 个项目的修复任务,既有岸线的美化、滩涂的整理,也有亲民设施的建设,最终实现人与自然的和谐共生。

(新华社天津 2020 年 11 月 5 日电　新华社记者白佳丽、谭谟晓、宋瑞)

天津港逆势"双增"背后的"密码"

深秋的渤海湾,船来货往。天津港东突堤码头上正在上演"无人的繁忙"。

在北斗导航的指引下,无人集卡有序穿梭其间。不远处的智能解锁站内,机器人正在对箱体快速解锁。轨道上的集装箱门式起重机,则通过远程遥控滑动吊装。

你不需要在现场,这一切,都将一一显示在天津港集团智能管控中心的大屏幕上。小到船舶停靠岸边卸载货物的进度,大到行驶在世界各地的船舶密度,都被处理成了一个个明确的数据。

小小数据的累加,成就了天津港今年逆势上扬的"双增长"。今年前三季度,天津港集团累计完成集装箱吞吐量1376.9万标准箱,同比增长5.2%;累计完成货物吞吐量3.36亿吨,同比增长4.3%。

这样的增幅,在疫情之下的全球港口以及全国主要沿海港口中,都处于领先地位。

逆势增长的背后,是天津港"加快建设世界一流港口,打造世界一流营运集团"的"密码"。

天津港集团党委书记、董事长褚斌道出"智慧"带来的突破,"我们的集装箱在泊船时效率多次打破全球纪录,特别是外贸航线的效率在全球名列前茅。"

"比如此刻屏幕上的'直靠率'显示为100%,也就意味着在这个时间进入天津港的船只,不需要'堵车''等位',可以直接靠泊。"褚斌指着屏幕解释。目前，天津港船舶在港时间，已经平均缩短了近1.1个小时，极大地降低了货轮成本。

环渤海的水域上，支线、干线的"血脉"也正在紧密衔接。

作为京津冀地区的海上门户，渤海湾每月都有120余艘次的"海上巴士"来往穿梭，将各个港口的货物转运至天津港，再集中起来远渡重洋。

志在万里，作为"一带一路"重要的"中转站"，天津港的视野也撒向更远的地方。"仅今年，天津港集团就开通了9条内外贸新航线。"天津港股份有限公司业务部副总经理任伟介绍，"蒙古国把天津港作为重要出海口之一，在天津自贸试验区天津港东疆片区建立的物流园，成为蒙古国物流的前沿阵地。"

硬件做支撑，软环境"齐头并进"。

"我们主动走出去，变'坐商'为'行商'，把优质服务送到客户身边。"褚斌说，为了服务好广阔腹地的货物周转，今年天津港集团成立了134个服务队，走访了2100余家客户，让每一箱货物都能够精准送达。

在如今的天津港，年轻人激荡起这座中国大港的新潜能。

"职业经理人、目标化选聘、聘任制、委任制四种选人用人改革正在进行，干部队伍也逐步年轻化，'能上能下'将成为常态。"天津港集团党委副书记、工会主席黄琦说。

记者离开天津港时，看到"奋进十四五"的目标显示在智能管控中心的大屏幕上："到2023年，基本建成'世界一流港口、世界一流港口营运集团'；到2028年，全面'双一流'，集装箱吞吐量突破3000万标箱。"

"天津港每天都有新变化，未来的天津港，将努力为中国扩大对外开放、为全球贸易便利化提供更好服务，为形成以国内大循环为主体、国内国际双循环相互促进的新发展格局贡献力量。"说这句话时，褚斌信心满满。

（新华社天津2020年11月6日电　新华社记者白佳丽、宋瑞、郭兴）

让"西安制造"再迎高光时刻

古城西安曾是西部地区工业发展的"领头雁",黄河彩电、蝴蝶手表、华山照相机等产品曾从这里走向全国。

去年底,西安市提出加快建设先进制造业强市,到2025年建成全国一流的先进制造业体系。今年上半年,西安市生产总值、规上工业增加值、固定资产投资增速均取得不俗成绩,"西安制造"有望再迎高光时刻。

"全流程优化"让老牌国企焕发新生机

近日,老牌国企——陕西汽车控股集团有限公司发布数据,截至10月31日,陕汽控股今年累计生产汽车19.8万辆,同比增长28.5%,累计销售19.3万辆,同比增长26.8%,是自创立以来的最好成绩。

疫情发生后,企业面临缺员工、缺材料、物流不畅等压力,集团总装配车间副主任季翔和工友们凭借着平时练就的过硬功夫,让企业快速复工复产。"70多个人运转着平时需要200人的生产线。"季翔说。

临危不乱,处变不惊,这家成立于1968年的老牌国企底气何来?

陕汽集团党委委员刘水库说,近几年企业对研发、生产到销售进行了全流程优化。"我们邀请重点客户全程参与到产品前期研发,同时提供全生命周期的售后服务,客户买了我们的车,就不用再雇用维修团队了,为他们解决了后顾之忧。"

五中全会提出，坚持把发展经济着力点放在实体经济上，坚定不移建设制造强国。"'十四五'期间，我们将重点推动重型卡车智能化、轻量化和电动化，运用新材料、新技术和新能源，降低卡车重量、油耗，提升舒适性和安全性。"刘水库谈及未来规划时说。

着眼未来　引领绿色制造新风尚

10年间，一片太阳能电池使用的硅片价格变化能有多大？记者走进位于西安市北郊的隆基绿能科技股份有限公司，找到了答案。

"10年以前，这一片单晶硅片100多块钱，现在只要两块多钱，经过八道工序制成太阳能电池，价格也就六块多钱。"隆基股份总裁李振国介绍说，"我们一直重视加大研发投入，今年前三季度，投入研发费用3.2亿元，同比增长61.89%。"

五中全会提出，促进经济社会发展全面绿色转型。作为西安市新能源龙头企业，隆基提出以"清洁能源生产清洁能源"，探索实践绿色制造。在企业的发展蓝图上，未来用太阳能等清洁能源生产光伏设备和氢能设备已经纳入日程，这将为"西安制造"蓄积绿色新能量。

在新材料新能源上发力是西安市制造业绿色转型的重要一步。在龙头企业高质量发展和强势带动下，今年上半年，西安市新材料新能源产业发展势头不减，上半年规上工业产值实现293亿元，同比增长11.5%。

培育创新先锋　塑造制造新优势

西安市高校和科研院所云集，凭借丰富的科教资源，这里聚集了一批"单项冠军"和"小巨人"企业，陕西斯瑞新材料股份有限公司和西安铂力特增材技术股份有限公司是其中的代表。

最近，斯瑞正在筹备上市。在市、区政府的帮助之下，有望年底登陆科创板。

虽然体量不比传统制造企业，但斯瑞早已是全球中高压开关触头材料研发制造的领军者。而源自西北工业大学技术团队的铂力特通过金属 3D 打印，提供航空、汽车、医疗等领域的金属增材制造服务，小到一颗牙齿，大到飞机零部件，都可实现复杂结构一次性成型。

五中全会提出，提升企业技术创新能力。为打通科技成果转化的"最后一公里"，西安市从去年开始，派出 1500 多名亲商助企专员，为规模以上企业和重点项目"零距离"服务。西安市还搭建了以西安光机所、西北有色金属研究院为引领的孵化平台；设立了专项资金池和"市长特别奖"。

西安市工信局副局长张兴华说："我们将不断加强技术创新平台建设，逐步完善多层次、多节点、网络化创新体系，为'西安制造'提供新动能，塑造新优势。"

（新华社西安 2020 年 11 月 5 日电　新华社记者丁玫、李华、刘硕　参与采写：肖寒、李亚楠）

"黄鹿"归来话振兴

离村外出打工30多年的夏恒元，去年底义无反顾地从城里回到了位于济南南部山区的老家黄鹿泉村。

"以前村里太穷，家里生活压力很大。"夏恒元今年50岁，初中毕业后，他一直在济南当厨师。30多年在外奔波，家乡的发展始终明显落后，夏恒元多次想回老家发展，却苦于找不到合适的营生。

黄鹿泉村因相传有黄鹿来此饮泉而得名。由于地处山区，村里的耕地七成都在山坡上，只能靠天吃饭。2014年，村里的贫困户达112户，占全村总户数的近三分之一。当年，黄鹿泉村被确定为山东省定贫困村。

贫穷引发了黄鹿泉村的"空心化"。"我们村有800多户籍人口，但常住人口只有400多。"村党支部书记王希刚谈到村里以前的面貌时说，由于缺少发展机会，青壮年都如同传说中的黄鹿一般一去不返。只有周末或者假期，村里才有点人气。

穷则思变。黄鹿泉村的天然优势是森林覆盖率高，泉水资源丰富，具备发展农业观光型旅游的优势。2018年4月，在济南市南部山区西营街道办事处的积极争取下，黄鹿泉村与济南鸿腾实业有限公司成功"牵手"，共同建设"山景小镇"田园综合体。

夏恒元从中看到了商机，果断辞职回乡。今年初，他拿出多年积攒的20多万元，着手改造老家大院，筹备开办农家乐。

经过两年多的建设，今年5月底，"孩子小镇"儿童乐园投入运营，甫一亮相就吸引了众多游客,客流量最多一天达到8000人次,成为远近闻名的"网红打卡地"。

在"孩子小镇"开放营业的同一天,夏恒元的"森林农家院"也开门迎客。随着"孩子小镇"吸引来的人流,他家的农家乐生意日益红火。

"今年'十一'期间,我这里一天接待了30多桌客人,最多时一天进账近万元,每天光鸡就要卖出十四五只。"夏恒元笑着说。

"现在经常忙不过来!"夏恒元的妻子肖秀娥边拾掇着老面馒头边对记者说。以前同样在外打工的她,总觉得回到老家能糊口就不错了,没想到现在比在城里打工挣得更多。

人气旺为黄鹿泉村发展民宿产业带来了机遇。黄鹿泉村村主任张文祥带头重建了父母的老宅子,办起村里第一家民宿。记者看到,这座两层新楼房装修现代,共有四间卧室,客厅、厨房、卫生间等一应俱全,整套民宿住一晚1500元。

"现在城里人周末都喜欢携老扶幼到农村来度假休闲。今年国庆中秋长假期间,我家的这套民宿收入了一万多元。"张文祥说。在他的带动下,村民们也纷纷将自家的闲置老宅改造成民宿,目前已有6套对外营业,还有四五套正在装修。

乡村旅游、特色种植等产业,源源不断地吸引着游客,给黄鹿泉村创造了不亚于城区的创业和就业机会。曾经流失的年轻人,开始陆续归来。像夏恒元这样回村创业、就业的村民,黄鹿泉村已经有100多人。

黄鹿泉村通过建设田园综合体,还实现了一二三产业的融合发展;发展智慧农业,已完成300亩玉米、50亩红梨、200亩中草药的种植;利用本村优势泉水资源,开发了"鹿泉"新品牌矿泉水。

产业的强力带动,让黄鹿泉村变美了,更变富了。2019年,这个村的集体经济收入达到34.7万元,村民人均年增收在1万元以上,村里的人居环境也大为改善。

济南鸿腾实业有限公司对黄鹿泉村原有街巷进行硬化美化,村民们告别了"晴天一身土、雨天一脚泥",农村"三大堆"无影无踪……今年8月,黄鹿泉村入选第二批全国乡村旅游重点村。昔日的小山村,日益呈现出一幅生态美、产业兴、百姓富的乡村振兴美丽图景。

党的十九届五中全会提出,坚持把解决好"三农"问题作为全党工作重中之重,走中国特色社会主义乡村振兴道路,全面实施乡村振兴战略,强化以工补农、以城带乡,推动形成工农互促、城乡互补、协调发展、共同繁荣的新型工农城乡关系,加快农业农村现代化。

济南市南部山区管委会党工委书记、主任文东河说,南部山区是济南市生态保护功能区,黄鹿泉村将乘着五中全会的东风,把生态优势变为发展优势,实现"贫困村"向"富裕村"的蝶变,走出一条生态保护、绿色发展与改善民生共赢的路子。

（新华社济南2020年11月6日电　新华社记者陈灏、王志、黄扬）

宁夏盐池：一只羊　一条链　一个品牌产业

站在家乡的土地上，看着养殖园区成群的滩羊，宁夏吴忠市盐池县高沙窝镇35岁返乡创业青年范志东踌躇满志，他说："2018年我辞掉央企的工作返乡创业，和弟弟一起发展养殖合作社、成立公司。现在我们每年线上线下向浙江、湖北、福建等地销售滩羊6万多只，带动4个村庄的养殖户一起富起来了。"

盐池滩羊是国家地理标志产品，当地人称其为"土羊"，滩羊肉肉质细嫩无膻味，但出肉率低、繁殖速度慢，2015年左右，与普通羊肉混着卖的滩羊肉价格甚至跌破成本价，产业一度陷入低谷，年轻人返乡养殖滩羊几乎是不可能的事。

五中全会提出，加快农业农村现代化。如何实现滩羊这一"土产业"的现代化一直是摆在盐池县面前的难题。

为兜住滩羊肉价格，盐池县从2016年起推出"扶贫保"，提振贫困群众产业发展信心。盐池县委书记滑志敏说："稳价格就是稳市场、稳人心，但保险只是应急措施，要想真正稳住价格就要做市场、做品牌，把品质优良的盐池滩羊定位在中高端。"

2016年，盐池滩羊肉登上G20杭州峰会的国宴餐桌，滑志敏趁势带领团队到杭州举办推介会，盐池滩羊肉"一炮而红"。如今，已"四登国宴"的盐池滩羊肉闻名全国，因先后到全国十多个城市举办推介会，滑志敏被盐池群众亲切地称为"卖羊肉的书记"。

随着品牌打响，群众养殖滩羊的积极性明显提高。为给农户引来"金融活水"，盐池县一方面出台政策让信用良好的建档立卡贫困户能够无抵押贷款，另一方面在全县开展"乡村组户"四级信用评定，普通农户信用评级越高贷款额度也越高。

养殖规模从150只扩大到1100只，盐池县青山乡旺四滩村建档立卡贫困户周永满只用了不到3年，他说："现在政策好得很，养羊有保险、有补贴，还能贷款，2018年养羊时没本钱养得少，后来靠着8万元的扶贫贷款，养殖规模才迅速扩大。"

提升产业发展质量离不开龙头企业的带动。品牌打响后，盐池县的30多家滩羊相关中小企业却打起了"价格战"。为稳住市场，盐池县2017年成立宁夏盐池滩羊产业发展集团（以下简称滩羊集团），逐步实现"购销价格、市场开拓、品牌宣传、营销策略、生产标准和饲草料使用"的"六统一"。在滩羊集团的高标准屠宰加工厂，滩羊肉被精细分割，每块羊肉都可全程溯源，在这里还可对滩羊进行基因检测。

滩羊集团董事长金建仁告诉记者，盐池县还成立了县、乡、村三级滩羊产业发展协会103家，在摸清全县滩羊家底的同时，协会与滩羊集团联合发布滩羊肉指导价，避免恶性竞争。近年来，集团还与乡村合作建设了40个生态牧场，主打高端私人定制，进一步提升滩羊的附加值，发挥示范引领作用。

经过多年探索，盐池县构建起品牌发展、产融结合、龙头企业带动的"链条式"滩羊产业发展格局。目前，盐池滩羊肉比普通羊肉每公斤高出6元左右，分割后的滩羊肉外销价格可达每公斤200元，以滩羊为主导的特色优势产业对盐池县农民增收贡献率达80%以上。

五中全会提出，实现巩固拓展脱贫攻坚成果同乡村振兴有效衔接。2019年，盐池县实现了现行标准下绝对贫困人口"清零"。

未来，滩羊产业该怎么做？滑志敏说："我们将围绕提升盐池滩羊品牌的溢价能力，实现标准化生产，让农民转型成为职业化、专业化的新型农民等重点发力，实现产业扶贫和产业振兴有效衔接。"

（新华社银川2020年11月6日电　新华社记者王磊、许晋豫）

宁夏利通区：高质量发展中的奶产业"蝶变"

挤奶大厅门口，上千头奶牛正排队走上转盘式挤奶机，旁边 4 名挤奶工麻利地为奶牛套上挤奶杯。几分钟后，挤奶机旋转一圈，完成挤奶程序的挤奶杯自动脱落，奶牛自行走下机器，又排着队走回牛舍。

看着眼前的场景，宁夏吴忠市利通区春英奶牛养殖专业合作社负责人陈伟有些感慨。从最初养奶牛到如今，他见证了当地奶牛养殖方式翻天覆地的变化。

农户在自家院子里搭起牛棚，养几头奶牛，曾是利通区的主流养殖模式。1997 年，陈伟的奶牛养殖事业也以这样的形式起步。几年后，陈伟在利通区金银滩镇的奶牛养殖园区里办起了养殖场，养殖规模一度突破千头。

在以扩大规模为主要发展方向的年代，提高发展质量并没有充分引起陈伟重视。"那时的牛舍是露天'大通铺'，一下雨奶牛就遭罪。挤奶也得跟园区里四五十户养殖户共用挤奶台，这种条件下，牛奶产量和品质自然也会受到影响。"陈伟说。

2015 年前后，国内生鲜乳价格急跌，整个行业仿佛一夜之间迎来寒冬，生产效率和生鲜乳质量成为养殖场的"生死线"，大批养殖水平不高的养殖场先后倒闭。陈伟苦撑一年，最终只能卖掉所有奶牛。经过近两年的反思和学习后，他重整旗鼓，在利通区五里坡奶牛生态养殖基地建起如今这座现代化的养殖场。

在陈伟的新养殖场里，除了先进的挤奶大厅，现代化养殖的景象随处可见：

标准化牛舍宽敞通风，全混合日粮搅拌机会按照设定好的配方自动拌好奶牛饲料，应用了物联网技术的项圈实时监测每头牛的健康状况……先进的养殖方式大大提高了生产效益，让陈伟的养殖场获得快速发展，如今年利润可达七八百万元。

这是利通区奶产业发展的一个缩影。近几年，利通区奶产业以集约化、规模化、标准化生产为手段，走上一条高质量发展之路。如今行走在利通区五里坡和孙家滩奶牛生态养殖基地，存栏量达五六千头甚至接近万头的现代化奶牛养殖场并不少见，自动化、智能化养殖设备和先进管理方式应用十分普遍。

据利通区农业农村局统计，截至9月底，当地奶牛存栏量超16万头，奶牛规模化养殖率达96%以上。"现在，我们的奶牛日单产轻松超过30公斤，生鲜乳平均乳脂率和乳蛋白率分别达3.7%和3.1%以上，水平居于全国前列，生鲜乳主要卫生指标达到欧盟标准。"利通区农业农村局副局长马小东说，越来越多业内人士将利通区誉为"黄金奶源地"。

好奶源吸引了伊利、新希望等大型乳企进驻利通区，进一步带动全产业链高质量发展。目前，利通区生鲜乳日加工能力已达3500吨左右，许多消费者耳熟能详的高端乳制品中有相当一部分是在这里加工出来的。奶产业还带动了当地包装、彩印、运输等行业蓬勃发展，今年利通区奶业全产业链产值预计达130亿元。

"高质量发展让利通区奶产业完成华丽蜕变。"马小东说，下一步，利通区将以党的十九届五中全会精神为指引，进一步推动高质量发展，深化供给侧结构性改革，让奶产业发展之路越走越宽。

（新华社银川2020年11月8日电　新华社记者靳赫）

赢向未来
——来自齐鲁大地上的学思践行

党的十九届五中全会，擘画了中国未来5年以及15年的发展蓝图，为开启全面建设社会主义现代化国家新征程吹响了号角。

落实新发展理念，何以展现新作为？构建新发展格局，何以作出新贡献？连日来，新华社记者行走齐鲁大地，观察山东各界对五中全会精神的学思践行。

转换动能，迈向新发展阶段

深秋济南，层林尽染。10月30日，五中全会闭幕第二天，有"万里黄河第一隧"之称的济南黄河隧道工程东线隧道贯通。

这条隧道不简单。隧道这头，连着济南老城；隧道那头，接着正在火热建设的济南新旧动能转换先行区。

五中全会提出，"以推动高质量发展为主题"。对山东而言，实施新旧动能转换，正是推动高质量发展、迈向新发展阶段的战略之举。

山东省发改委主任周连华给记者列出一组数据：2018年以来，山东累计关闭"散乱污"企业11万户，占全省企业总量3%以上；化工园区从近200家压减到84家，减少六成；今年高新技术企业数量将突破1.3万家，比2017年增加一倍；服务业对经济增长的贡献率由2017年的57.6%提高到2019年的78.2%……

"腾笼"之际加速"换鸟","剪枝"之时培育"新枝"。新常态下的山东经济，正由"大象漫步"加速迈向"千羚竞驰"。

走进华熙生物科技股份有限公司,青春气息扑面而来：自动化生产车间内，3D打印为时下热卖的"故宫口红"披上织物肌理和刺绣浮雕；车间外的直播间里，妆容精致的主播正在各大平台带货直播……

"五中全会把创新摆在更加重要的位置。对我们来讲，创新就是生命线。"专注于透明质酸（俗称"玻尿酸"）研究30多年的华熙生物首席科学家郭学平说，持之以恒的自主创新让华熙生物在透明质酸领域走到世界前沿，未来企业发展还得继续依靠创新。

近3年来，山东省实施了600多项重大基础研究项目和重大科技创新工程，一批核心关键技术正加速攻克。

"我们将每年投入120亿元以上财政资金，支持重大科技项目。"周连华说，山东将打造一批主体多元化、贴近市场需求的新型研发平台，加快布局建设吸气式发动机热物理试验装置、海洋生态系统设施等重大科技基础设施群。

推动新旧动能转换，既要做优做强"参天大树"，也要扶植培育"灌木丛林"。

山东省工信厅副厅长安文建介绍，山东建立起"小升规"、专精特新"小巨人"培育、挂牌上市等针对企业不同发展阶段的梯次培植体系，分层分类进行指导和重点支持。

山东省已认定"瞪羚"企业337家、"独角兽"企业8家，集中在战略新兴产业领域，其中93%被认定为高新技术企业。经过精心培育，华熙生物、日日顺物流等一批企业脱颖而出。

"对标五中全会精神，我们将坚持一切围绕高质量发展、一切服务高质量发展，用好改革关键一招，破难点、解痛点、疏堵点，以更大力度推动新旧动能转换。"周连华说。

联通内外，融入新发展格局

6日，天刚蒙蒙亮，一列满载货物的"齐鲁号"欧亚班列从青岛上合示范区多式联运中心出发，一路向西。

200多公里外，青银高速济南东服务区内，来自"一带一路"沿线十多个国家的特色商品，搭乘欧亚班列来到中国，静待消费者挑选。

这是山东与世界联动发展的缩影，也是中国与世界携手并进的缩影。

五中全会提出，加快构建以国内大循环为主体、国内国际双循环相互促进的新发展格局。

"我们将以更加开阔的视野促进要素流通，积极融入新发展格局。"山东省工信厅厅长于海田告诉记者，山东正以实现产业基础高级化和产业链现代化为目标，立足国内、放眼全球，加快打通原始创新、基础创新、技术转化创新、科技成果转化全流程创新链条。

山东经济的显著优势，在于产业链供应链相对完备，劣势则在于大而不强。目前，山东省22个重点产业链的提升方案正在制定中，并将逐步扩展到33个，"一业一策"明确重点产业链提升的路径。

上游要素配置放眼全球，下游市场拓展越来越向消费能力持续提升的国内市场倾斜。

经过1400摄氏度的高温烧制，一件精美的琉璃如意在淄博市博山区的西冶工坊出炉。西冶工坊董事长李志刚说："以前我们主要做出口，现在我们统筹国际国内两个市场，国内销售占比不断提升。"

融入新发展格局，需要打造与之相匹配的营商环境。

新项目土地成交当天，在山东冠县行政审批服务大厅，山东华恒新材料有限公司负责人崔子正一口气拿齐了开工所需的全部证书，实现"拿地即开工"。

以往动辄要一个月才能办完的手续，一天之内全部完成，背后是冠县探索建立的投资项目会客厅机制。当地为投资建设项目开辟绿色通道，专人帮办、免费代办,并提供综合咨询、跟踪服务、报批辅导等"管家式"服务。

自贸试验区、上合示范区获批;开发区体制机制改革创新全面推开,综合保税区整合优化;跨国公司领导人青岛峰会等重大活动接连举办……近年来,山东打造对外开放新高地蹄疾步稳。

山东省商务厅副厅长张义英说,山东全面实施外商投资准入前国民待遇加负面清单管理制度,强化"要素跟着项目走",出台了重点外资项目要素保障实施细则等一系列政策,努力让外商在山东投资放心、发展安心。

前三季度,山东欧亚班列开行次数同比增长46%,实际利用外资同比增长27.9%。

"我们将认真贯彻落实党中央要求和五中全会精神,主动服务国家开放大局,提高开放水平,持续深化对外经贸合作。"张义英说。

造福人民,锚定新收获孕育

秋日的东平湖,芦苇摇曳,群鸟翩飞,薄雾笼罩着湖面。站在船上远眺,水天一色,令人心旷神怡。

作为山东省第二大淡水湖,东平湖生态功能举足轻重。近年来,东平湖滥捕滥捞、围湖养殖、乱采乱挖等问题得到有效整治,再现一湖碧水,水质稳定在地表水三类标准以上。

生态环境的修复,让东平湖迎来了大量新"居民"。鸟类爱好者宋泽远告诉记者,全世界仅存约1000只、对环境要求极高的青头潜鸭,今年在东平湖出现了300多只,数量为历年之最。

"五中全会要求'持续改善环境质量,提升生态系统质量和稳定性'。"泰安市委书记崔洪刚说,泰安市将在近年禁采禁售禁运禁存泰山石、实施东平湖综合治理等生态保护和修复工程的基础上,继续强化山水林田湖草生态保护修复,全面消除生态环境短板,着力打造山水名城。

山东省生态环境厅厅长宋继宝介绍,今年1月至9月,山东省空气质量优良天数占比已经达到 69.5%，同比提高 18 个百分点。

"治污方向不变，治污力度不减。"宋继宝说，山东省将按照五中全会"加快推动绿色低碳发展，持续改善环境质量，提升生态系统质量和稳定性"的要求，统筹推进生态环境高水平保护与经济高质量发展，确保主要污染物排放总量持续减少，生态安全屏障更加牢固。

绘就美好生活蓝图，增进人民的幸福感、获得感，既要有泼墨的磅礴大气，也要有工笔的细致入微。

近年来，山东省大力推动民生保障和城乡均衡"上台阶"，不断将教育、医疗、卫生等优质资源下沉到最基层，增进群众的获得感和幸福感。

"来了专业的保洁队，村里变干净了，村民更舒心了！"谈到这几个月村容村貌的变化，山东莘县东鲁街道寇庄村党支部书记寇海朝说，村里如今也享受到了城市保洁队的服务。

"一把扫帚扫全县"，在地处鲁豫冀三省交界处的莘县，一场城乡环卫体制变革正在进行。

瞄准农村环卫覆盖面不够、清洁力度不足的问题，莘县整合资源打造专业环卫公司，对城区、镇街、村庄统一清洁标准。今年 4 月起，全县 1116 个行政村垃圾日产日清、统一运处，农村环卫服务与城区"一碗水端平"。

"我们将按照五中全会的要求，坚持以人民为中心的发展思想，继续优化公共服务供给，推动城乡公共服务均等化。"山东省委副秘书长田卫东说，山东将继续着力补齐民生短板，让人民群众更有获得感、幸福感、安全感。

（新华社济南 2020 年 11 月 6 日电　新华社记者余孝忠、邬焕庆、陈灏、刘红霞　参与采写：潘林青、王志、陈国峰、孙晓辉）

山东高青："两头牛"让农民日子"牛"起来

听音乐、睡软床、享按摩……若非亲眼所见，谁能想到这是山东淄博高青县"两头牛"的生活档次。

走进山东新天地黑牛集团，记者看到，整洁的牛舍内，一头头健硕的黑牛在舒缓的音乐中悠闲休憩。电子屏幕上，每头牛的体重、心率、步数等健康数据实时显示。

"脊肉、眼肉、上脑等部位每公斤售价2000元，一头黑牛的'身价'超过10万元。"新天地黑牛集团总经理杜斌告诉记者，高青黑牛由国内外顶级肉牛品种杂交改良培育而成，通过了国家高档肉牛新品种鉴定。虽然产品价格不菲，但仍然供不应求。在国内防疫形势最严峻的时期，新天地黑牛集团的线上销售额增长了300%。

"后起之秀"黑牛高歌猛进，"老大哥"奶牛稳步前行。

在山东得益乳业股份有限公司的第二牧场挤奶车间，随着进口的80位重型转盘挤奶机启动运转，奶牛自动排队上机挤奶，整个过程基本不需要人工参与。每头奶牛的产奶量、奶质等信息实时传输至后台，不达标的原奶自动淘汰。目前得益公司已建成4个规模化万头牧场，奶牛存栏量达3.5万头。

党的十九届五中全会明确提出，提高农业质量效益和竞争力。

"我们正着力推动一二三产融合，提升传统农业附加值。"杜斌说，新天地黑牛集团用大数据嫁接改造繁育、养殖、屠宰、加工、销售等全流程，从牧场到餐桌进行全链条数字化升级，打造信息时代消费者认可的"新农业"

品牌。未来，将休闲、观光、旅游、教育、文化等元素与畜牧业有机融合，把牧场变成景区。

"两头牛"发展"牛劲十足"，成为带动当地农民脱贫增收的强劲动力。

"五中全会要求，强化以工补农、以城带乡。"得益乳业第二牧场副厂长李炳琛介绍，得益乳业整体流转牧场周边的2万亩土地，带动59个村1.2万农民年增收2000万元。企业统一规划牧草种植基地、有机蔬菜基地、农产品加工基地，从零散土地中解放出来的"新农民"，纷纷组建或加盟种植合作社、养殖合作社、农机合作社，成为领取土地流转金、合作社分红、就业工资的"三薪农民"。

黑牛也能"拉动"致富梦。在高青县，5000多户农民通过参与"党支部领办合作社"，从事黑牛养殖，每头牛可助力农户年增收2万多元；黑牛产业还带动2万余户农民从事饲草种植及配套服务，年人均增收5000元。

"我们正在围绕数字农业3.0建设，全力打造数字化大牧场。"杜斌说，新天地黑牛集团将整合优质农业资源，链接高端平台，实现农产品产、供、销、储、运、配一体化协同运作，打造优质农产品供应链和生态圈，在全国率先建设肉牛一二三产业融合发展示范园区。

（新华社济南2020年11月7日电　新华社记者陈国峰、陈灏）

"故乡的云,回家的路"
——赵成志的"游子回乡记"

山风拂面,山路逶迤,赵成志每天骑着车,轻快地穿行在九女峰山麓。这里不仅是他的故乡,也是他和女友现在工作和生活的地方。

出生于1999年的赵成志,是山东省泰安市民宿"故乡的云"的一名管家,主要负责客服工作。几个月前,他还在约500公里外的港口城市烟台工作。

"现在月工资有4000元,收入比原来高,还省了房租费。"赵成志说。

之前每年回家,赵成志都能发现家乡的新变化:山间草木品类又多了,植被覆盖面积更大了,原先尘土飞扬的泥土路也不见了,取而代之的是宽阔平坦的水泥路。

"以前骑车回家时,由于弯多坡高,只能骑到离家几里远的地方,然后推着车步行到家。"赵成志说,"现在的路,走起来顺心多了。"日益优美的环境、越来越多的工作机会、浓浓的乡情亲情,让曾经向往大城市生活的赵成志决定回到家乡发展。

近年来,泰安市岱岳区道朗镇投资3.92亿元,用于域内山路、公路的建造与优化改造。同时,还安装了防护设施,总长度约35公里,实现了片区基础设施全面打通。

近日发布的"十四五"规划建议提出,优先发展农业农村,全面推进乡村振兴,其中包括完善乡村水、电、路、气、通信、广播电视、物流等基础设施。

可以预见的是,未来将有更多的乡村青年能够走上更加宽阔顺畅的"回家路"。

赵成志供职的民宿"故乡的云",是泰山·九女峰乡村度假区项目的一部分。度假区项目计划总投资 20 亿元,建成后预计每年接待游客 100 万人次,带动当地 1500 人就业。

"我们'故乡的云'团队一共 35 人,其中一半是道朗镇的同乡。"赵成志说。

"故乡的云"不仅让本地的居民得到就业机会,也吸引一些"新道朗人"留在了这里。

赵成志的女友张贝贝来自河北。今年,她跟随赵成志一同回到道朗,在与民宿配套的咖啡厅工作。

"小山村依山傍水,远山近景,一切都是原生态。"张贝贝之前曾在甜品店、咖啡馆里工作过,"我还是更喜欢这里,不仅工资待遇不错,也能学到东西。"

"十四五"规划建议中提出,提高人民收入水平。分析人士认为,这意味着中国未来将在增进民生福祉方面更进一步,更好地满足人民对美好生活的向往。

"今年有了车,我正赶着年内考个驾照。将来开车上班,也让她今后过着'风吹不着,雨淋不着'的日子。"赵成志说,他和女友正计划着明年办婚事。成家后,两口子就在这里好好打拼,未来开一家夫妻甜品店。

回到家乡,成家立业。在中国农村,越来越多像赵成志这样的年轻人,对自己的未来生活满怀期冀。

(新华社济南 2020 年 11 月 7 日电　新华社记者黄扬、孙晓辉、闫雨昕)

"万盏灯"窑火不灭，青年匠人点亮古镇新梦

粉青、帝王黄、爱琴海岸粉……眼前通透的彩色骨瓷，色泽明丽。33岁的陶瓷工艺美术师周虹手持新研发的"七彩瓷"碗，向记者讲述着她和陶瓷的不解之缘。

今年是周虹回到故乡山东淄博的第五年。出身于陶瓷世家的她，在法国巴黎学工商管理，一开始并没打算干陶瓷这行。2015年末，拗不过父母的坚持，她回家"继承衣钵"。

刚回国，周虹的第一反应是不适应："物是人非，我童年记忆里的古窑村消失了。"

她记得，小时候最喜欢做的事，就是在古窑村的小路上，一手摸着用废弃匣钵建造的墙面，一手数着路旁的"馒头窑"。

周虹口中的古窑村，位于淄博市博山区，古称颜神镇，是著名的"陶琉之乡"。这里最早的陶琉烧制史可以追溯至唐末，明清时期更是达到鼎盛。

那时候，家家户户烧制瓷器，都要盖"馒头窑"，圆形窑体星罗棋布。每逢开窑，从高处望去，小小的颜神古镇燃起点点火光，当地人称"万盏灯"。

新中国成立后，博山将地方老字号窑厂合并，组建博山陶瓷厂。在老一辈博山人的回忆中，这家厂曾是"亚洲第一"，订单络绎不绝。

虽然高大的厂房取代了"馒头窑"，但忙碌的厂区灯火通明，仍是名副其实的"万盏灯"，点亮古镇的街巷。

20世纪90年代末，烧制陶瓷琉璃的老牌企业纷纷倒闭。荒废的车间疏

于管理，杂草丛生。老陶瓷厂所在的古窑村一度成为当地"棚户区"。糟糕的居住条件，让许多年轻人选择卖掉老宅，逃离故土。

人跑了，"万盏灯"也跟着熄灭了。

古朴的老房被周围的高楼大厦湮没，青石路和"馒头窑"所剩无几。面对这样的景象，周虹说，最令她心痛的，还是关于古窑村的记忆正被渐渐遗忘。

"我应该力所能及地做些什么，哪怕是能把一点点博山的陶瓷文化保护下来，告知后人也好。"周虹说。

因为这份责任感，周虹真正扎下了根。经过一年半的努力，今年9月，她和父亲筹办的陶瓷艺术博物馆落成。从博山陶瓷厂的老厂标到七彩瓷工艺品，馆内的件件藏品，承载着父女两代人的陶瓷记忆。

怀抱这种想法的，不止周虹一人。

党的十九届五中全会提出，繁荣发展文化事业和文化产业，提高国家文化软实力。今年2月开始，博山区与企业合作，大规模改造颜神古镇，依照修旧如旧的原则，将现存的13座"馒头窑"、部分老厂房和历史街区升级改造，如今已初具规模。周虹期待着，"博山陶瓷文化中最深层的灵魂感"能渐渐恢复。

在刚刚结束的博山琉璃双年展上，博山区还为青年人才量身定制"青年人才扶持计划"，吸引他们入驻颜神古镇。

"传承千年窑火，需要新鲜血液。"当地老手艺人任国栋说。他的儿子任正夏大学毕业也回到博山，如今是这个陶瓷雕塑世家的第三代非遗传承人，已经有了成熟的作品。

越来越多的年轻人正在回归古镇。而他们为陶琉艺术带来的，是更具现代感、更多元的审美趣味。

窑火未熄，"万盏灯"正在重新点亮。

（新华社济南2020年11月7日电　新华社记者刘小草、陈国峰）

彝族"90后"小夫妻雄安打工记

迎着清晨的朝阳,阿洛春梅爬上55米高的塔吊,与丈夫吉那小虎换班,开始一天的塔吊驾驶员工作。从驾驶室中放眼望去,星罗棋布的塔吊矗立在河北雄安新区容东片区12.7平方公里的建设工地上。"我之前在许多工地工作过,但是从没有见过这么壮观的场面。"阿洛春梅说。

23岁的吉那小虎和22岁的阿洛春梅来自四川省马边彝族自治县,是雄安新区容东片区安置房项目建设工地上的一对"夫妻档"。自今年7月份到雄安新区以来,一直昼夜轮流值守一台塔吊。

根据规划,容东片区居住人口规模17万人,能满足7万当地居民回迁和10万外地人搬迁入住需求。

2017年,吉那小虎到广州的建筑工地上打工。在工友的帮助下,他和妻子阿洛春梅先后学会了操作塔吊并考取了相关证书。

高耸的塔吊改变了这对年轻夫妇的命运,俩人每月的收入如今能达到一万多元,生活有了很大改善。"我对现在的这份工作很满意,看着一幢幢楼房在我们的建设下拔地而起,心里充满成就感。"吉那小虎说。

从事塔吊司机工作后,夫妻俩先后在广东、天津、山东等地工作过,但来到雄安这座"未来之城"后,这里热火朝天的建设景象与高质量的施工要求还是深深震撼了他们。

"我以前工作过的工地,最多只有17台塔吊,但是这里的塔吊真的是不计其数,我试着数了数,根本数不清。"吉那小虎说,在建设高峰期这里到处都是忙碌景象，到了吃饭时间，食堂窗口前面经常排四五十人。

雄安新区党工委委员、管委会副主任吴海军表示，十九届五中全会提出以推动高质量发展为主题，对雄安新区高标准、高质量建设具有重大意义。在这对小夫妻眼中，雄安新区建设也处处体现出"高质量"：先进的施工技术、严格的工程管理、定期的教育培训……

如今在雄安新区，有 10 多万名像吉那小虎与阿洛春梅这样的建设者分布在多个片区，他们所到之处塔吊林立、热火朝天，不舍昼夜地为新区贡献汗水与力量。京雄城际铁路雄安站加速建设、会展中心主体结构封顶、地下管廊有序布局……"未来之城"正在拔节生长。

为了迎接即将到来的彝族年，吉那小虎与阿洛春梅开始准备收拾行囊回老家和亲人团聚。吉那小虎说，这是自从今年 3 月外出务工以来，俩人第一次回老家。"在外辛苦了大半年，准备给老人和孩子买些东西，一起快快乐乐过节。"阿洛春梅充满期待地说。

虽然来到雄安时间不长，但是吉那小虎与阿洛春梅已经有些不舍，能够为京津冀协同发展添砖加瓦，夫妻二人十分自豪。俩人决定在老家过完节后就立刻返回，重新投入到轰轰烈烈的雄安建设中来。

（新华社石家庄 2020 年 11 月 8 日电　新华社记者王丽婧、张硕）

异乡非异客
——一位意大利籍外企高管眼中的"中国机遇"

如往常一样,米尔科·图里纳(Mirko Turrina)将白大褂穿着整齐,熟练地戴好头套和鞋套后,按照冲、洗、烘等流程细致地清洗双手。随后,他穿过多道隔离门禁,进入生产车间。

今年44岁的图里纳来自意大利,是高利尔(天津)包装有限公司的总经理。2004年,该公司入驻天津,面向中国和其他亚洲区域市场,给番茄酱、浓缩果汁等食品企业提供柔性软包装、包装零部件和灌装设备及服务。

"我们脚下曾是一片荒地。经过十几年的发展,天津港保税区的基础设施建设越来越完善,配套服务更加优质。"图里纳说,"令人暖心的是,当地政府贴心地为我们引进了一家辐照公司,就设在我们工厂的对面,这对公司生产无菌食品包装袋来说,可谓'如虎添翼'。"

走进包装生产车间内,生产环境干净明亮,生产线上的设备分类摆放。"生产食品包装袋除对生产环境要求严格外,我们还会对产品进行伽马射线辐照灭菌。"图里纳说。

看着生产线上嗡嗡运转的设备,图里纳笑得很开心。疫情期间,得益于天津港保税区管委会的帮助,公司在4月底已全面实现复工复产。

"政府人员耐心给我们讲解防疫政策,让我们快速了解自己应该怎么做。让我觉得并非身处'异乡'就是'异客',这种感觉很温暖。"图里纳说。

党的十九届五中全会提出,形成强大国内市场,构建新发展格局。事实上，高利尔（天津）包装有限公司已经成为中国广阔"市场蓝海"中的受益者之一。

即便受疫情影响，公司出口业务表现不佳，但其迅速"转战"中国国内消费市场，扭转了亏空。

图里纳指着生产车间里两台新设备说，面对中国快速增长的咖啡市场，公司今年又从位于意大利的总部引进了全新的咖啡包装阀制造设备，为中国乃至亚洲地区的客户提供咖啡包装等服务。

"公司在中国的表现令我很满意，相信我们的产品在中国市场的销量会继续增长。"图里纳十分坚定。

在天津发展的 16 年里，高利尔（天津）包装有限公司已累计生产各类柔性软包装超过 1.2 亿条，如今其年产量可达 1000 万条以上。

"我们对中国市场充满信心。注重绿色环保发展是全社会的共识，在中国更加开放的市场环境下，我们会更加具有竞争力，也会拥有更美好的未来。"图里纳说。

谈及中国的"十四五"规划，图里纳也给公司定了一个小目标。"未来5年，要让我们的销售收入翻一番！"他信心满满。

这并非虚谈。在图里纳的"规划图"里，在占地 5 万平方米的一期、二期工厂的基础上，建筑总面积约 8000 平方米、总投资额约 1.2 亿元人民币的三期扩建工程正提上日程；一批食品包装袋成套设备和配套设备也已列入采购规划……

在中国工作生活了 16 年的图里纳本有机会回到意大利工作，但他还是决定留在中国。他说，这不仅是为了自己，也是为了他的儿子。

他 7 岁的儿子如今就读于天津一家国际学校，说着一口流利的中文。"中国正在经历着变化、发展、升级，一切都在快速发展。很多像我一样的外国人融入中国社会中，孩子在愈发国际化的中国成长可以接触到更多元的文化。"图里纳说。

闲暇时，图里纳喜欢在天津各处漫步。"当我在海河边漫步时，我仿佛回到了家乡意大利，那里也有条美丽的河。此外，天津的建筑颇具欧洲风情，让我感觉很亲切。"图里纳说。他喜欢美丽的天津，希望继续在这里工作生活。

（新华社天津 2020 年 11 月 8 日电　新华社记者宋瑞、焦倩）

"唱花儿 绣花儿 日子过得像花儿"
——青海班彦绣娘的幸福生活

"山大沟深的沙沟山,不受寒苦了,干部和群众呀齐上阵,平川里拔起了新村。心肝花腔子里放实了,栽下个摇钱的树了。百姓们高兴地花儿漫了……"

在位于青海省海东市互助土族自治县的盘绣园内,张卓麻什姐和姐妹们边唱着"花儿"民歌边做着手里的"绣活"。

"花儿"是流传于西北地区的多民族民歌,因歌词中将年轻女子比喻为花儿而得名。"平时我们就唱花儿,里面的词也不一定,不少都是即兴创作的,啥都能唱,现在日子过得好了,我们唱的就是今天的好日子呗。"年过半百的张卓麻什姐是土族盘绣省级非物质文化遗产代表性传承人,她手中的绣花针上下翻飞,不一会一张盘绣就初具雏形。

"从这穿过去,再挑出来绕个圈……"与即兴创作的花儿不同,盘绣要按照严格的工艺来制作,既考验技巧,又考验耐心。"以前我们绣的花样不多,也卖不上价钱,也就不往外卖,就为给丫头们做嫁妆。"绣娘吕六月姐说,自从 2018 年盘绣园正式建立后,绣娘们的花样就多了起来,"订单要啥样子我们就做啥样子"。

"一天都不闲,做得多,收入越多。平均一个人一年能挣一万元左右,手快一点的能到一万四五,把孙子的学费都赚出来。"张卓麻什姐说,住得好收入也好,日子充实,脸上的笑也多了,绣娘们创新花样的热情越来越高。

"像盘绣园这样的扶贫工坊,已经有28个,今后三年,互助县计划要达到100个。"互助金盘绣土族文化传播有限公司副总经理吴成绩说,盘绣产业是土族特色文化代表之一,未来会有很大的市场空间。

"我们村是2016年从对面山上搬下来的,以前住的地方山大沟深,靠天吃饭,但一方水土养不活一方人。实施易地搬迁之后,村里发生了翻天覆地的变化。"青海省海东市互助土族自治县班彦村驻村第一书记袁光平说,盘绣、八眉猪养殖、特色青稞酒制作等多项产业齐头并进,村民人均年收入超过一万元。"十九届五中全会提出要全面推进乡村振兴,我们班彦村也要抓好这次机会,把村里的特色产业发展得更好,让村民的日子越过越红火。"袁光平说。

"大红的主腰米黄的线,中间里绣下的牡丹……"歌声从盘绣园的小院里传出来,张卓麻什姐咬断线头,把手中的绣布铺平,她摸摸刚绣好的花,笑着说:"看,这个花就是艳。"

(新华社西宁2020年11月8日电　新华社记者王浡)

东平湖蝶变：以水为笔绘就生态画卷

站在船上远眺东平湖湖面，芦苇摇曳，鱼儿相逐，群鸟翩跹。天水相接之处，几座苍翠的小山点缀其间，令人心旷神怡。

东平湖是山东省第二大淡水湖，常年水面209平方公里，不仅是南水北调东线工程的重要枢纽，还是黄河下游唯一的蓄滞洪区，对整个黄河流域生态保护意义重大。

但受多种原因影响，东平湖一度被滥捕滥捞、乱圈乱占、乱采乱挖等问题困扰，特别是网箱网围养殖，面积一度占到水域面积一半以上，生态环境和景观遭到严重破坏。

今年47岁的孙培庆从小在东平湖边长大。20岁时他开始在湖里用网箱养鱼，规模最大的时候养殖水域达到1000亩。随着像孙培庆这样用网箱养鱼的人越来越多，湖里的环境越来越差。

为此，东平县集中开展"清网净湖"行动，依法拆除网箱6.7万架、网围8万亩，腾空被占用水面12.6万亩。孙培庆不得不"上岸"寻求转型。

为帮助孙培庆和其他渔民找到生存发展新路子，当地政府积极引导扶持转产。孙培庆想到当地一直有种植水稻的传统，就承包了300亩地率先做起了虾稻混养。

"小龙虾亩产200多斤，水稻亩产1300多斤。刨去成本，一年收入三十万元没问题。"孙培庆尝到了稻虾混养的甜头。

孙培庆转型成功了。在他看来，水质良好是小龙虾成长的关键，无污染稻田是稻米畅销的保证。而这一切，都是东平湖的生态保护红利。

五中全会提出，坚持绿水青山就是金山银山理念，坚持尊重自然、顺应自然、保护自然。近年来，东平县坚定"生态立县"思想，推进东平湖综合整治。

据泰安市委副书记、东平县委书记曲锋介绍，东平县先后开展了清网净湖、餐船取缔、环湖生态隔离带建设、砂场清理、拆违清障、菹草清理、船只整治、沿湖村居环境整治、沿湖路域环境整治等九大攻坚行动。

以环湖生态隔离带建设为例，目前当地已栽种各类乔木、灌木3万余株，地被植物70万平方米，完成整体工程量的80%，预计今年年底全部竣工。如今漫步东平湖畔，率先映入眼帘的是一排排品种多样、错落有致的绿化植被。

据东平县生态林业发展中心党组成员、苗圃主任马忠新介绍，当地对之前沿湖的鱼塘和臭水沟进行改造，在内部培种水生植物，将其升级为生态湿地水系，这样流入东平湖的地表水会先在湿地内进行氮磷污染物的降解净化，从而保障东平湖水质。

12.6万亩网箱网围被清理了，1530只锈迹斑斑的"三无"船只被挪走了，沿湖违建餐馆被拆除了……一个行洪畅通、堤防牢固、水清岸绿的崭新东平湖正展现在人们面前。

"现在水更清、环境更美、鱼虾更肥，东平湖已经成了我们的一张亮丽生态名片。"孙培庆说。

（新华社济南2020年11月9日电　新华社记者潘林青、孙晓辉、黄扬）

从黄土荒坡到万亩良田

——兰州新区现代农业发展"变奏曲"

初冬时节的黄土高原,已经披上了一层黄褐色。在兰州新区现代农业示范园的大棚内,却仍是一派生机勃勃的景象:千亩品种各异的玫瑰花争奇斗艳,2米高的圣女果树上挂满了诱人的果实,工人们站在自动升降机上热火朝天地忙着采摘。

谁能想到,数年前这里还是沙丘成群的黄土荒坡,土地盐碱化严重,"风吹石头跑,地上不长草"。

"以前想都不敢想,有一天能靠种菜过日子。"张继刚边采圣女果,边笑着说。

今年50岁的张继刚是兰州新区西岔镇村民,已在示范园工作了两年。过去,由于家里土地贫瘠、收成不佳,张继刚在外打工30年,直到2018年初示范园建成,他才听了村干部和亲友的建议,返乡工作。

"听说在示范园工作每个月能挣近4000块,比在城里挣得还多。当下就跟几个老乡商量,一块回来了。"张继刚回忆道。

短短两年间,张继刚成了种植圣女果的能手。当年吸引他返乡的示范园,现在也扩展到1万多亩,园区内分布着200多座日光温室和大棚。

在负责建设运营的兰州新区农投集团农业生产部负责人侯启雷看来,兰州新区虽然干旱贫瘠,但也有发展农业种植的突出优势:光照时间长,昼夜温差大;地域广袤,能最大限度阻断病虫害传播。种植的果蔬品质好,是粤港澳大湾区"菜篮子"生产基地。

而实现荒滩荒坡到万亩良田的"华丽转身",得靠科技支撑。

目前园区内的作物已全部实现无土栽培。走进玫瑰温室,可以看到玫瑰的根系生长在岩棉块中,一根根小管道将水肥直接送到玫瑰根部,让它们"吃饱喝足"。

侯启雷介绍,与传统种植方式相比,这套滴灌系统能节约50%以上的水和肥料,减轻土壤酸化和板结程度,提高作物产量和质量。

园区还引进了智能温室控制系统,利用传感器收集室内温度、湿度、二氧化碳等数据,实现环境自动调节,保证农作物始终处于适宜生长环境。"温度过高,系统会自动打开顶棚;温度太低,就会启动室内供暖。给我们省了不少力。"侯启雷介绍。

五中全会提出,要加快农业农村现代化,提高农业质量效益和竞争力。已经迈出第一步的兰州新区,如何在农业现代化的路上走得更扎实?

"兰州新区已经把现代农业作为实施'产城融合'、加快实施高质量发展的重要抓手之一。"侯启雷说,下一步现代农业示范园还将借助互联网、云计算、物联网等技术持续推动智慧农业发展。

(新华社兰州2020年11月9日电 新华社记者丁玫、刘昕宇、王铭禹 参与采写:肖寒)

百年老工业城"新新"向荣
——山东淄博产业转型升级观察

一张薄如蝉翼的质子膜,让氢燃料电池核心技术不惧"卡脖子";一只陶瓷杯,因为创新研制高性能材质,"身价"涨百倍;一个汽车项目,从正式签约到第一辆车下线,用时仅为7个多月……

在全国上下深入学习贯彻党的十九届五中全会精神之际,记者来到拥有110多年近现代工业史的山东淄博,在这座老工业城市既触摸新经济发展脉搏,又追随传统产业转型步伐,处处感受到喷薄而出的新动能。

锚定新经济 抢占新赛道

"再过几天,我们的燃料电池膜就将量产了,年产量达150万平方米,这相当于燃料电池的'芯片'啊!"在山东东岳未来氢能材料股份有限公司展厅里,望着薄如蝉翼的燃料电池膜,其母公司东岳集团董事局主席张建宏情绪高涨。

东岳燃料电池膜寿命突破6000小时,取得了为全球量产氢能汽车配套氢燃料电池膜的通行证。淄博以东岳氢燃料电池膜为核心,链接氢能源产业的上下游企业,全力打造氢能产业高地。

五中全会提出,加快发展现代产业体系,推动经济体系优化升级。淄博市委书记江敦涛表示,当前淄博正处于转型升级、跨越发展的重要拐点期,他们的战略选择是,依靠新经济为城市打开上升空间、插上腾飞翅膀。

为支持新经济发展,淄博首批锚定工业互联网、智联汽车、人工智能、绿色能源、数字农业、数字文旅、新金融、智慧物流、电商与新零售、数字医疗、在线教育等11条产业新赛道,从奖补、人才、投资等方面出台了12条扶持政策。

"风口"在哪,企业就在哪。在淄博高新区,3个"80后"敏锐抢抓网红电商新风口,创立山东聚米电子商务有限公司。从一根网线和200台电脑起步,5年时间将公司发展到营业收入过5亿元、利润过亿元、税收过亿元,打造了带动20万人创业的互联网新零售平台。

目前,像东岳未来氢能、聚米电商这样,一批代表新经济的好种子、好苗子已在淄博破土发芽、开枝生叶。淄博提出,力争到2025年,培育形成4-5个百亿级新经济产业新赛道,新经济规模超过2000亿元。

喜新不厌旧　老树发新枝

青色温润、晶莹剔透、如玉似冰……淄博华光国瓷科技文化有限公司展厅里,一件件精美瓷具,浓缩着企业几十年炉火淬炼的精华。

"五中全会把创新摆到十分突出的位置,我们这些年正是靠着创新陶瓷材质闯出了新天地。"华光董事长苏同强说,他们研发的矿物质骨质瓷、华青瓷、华玉瓷等新材质广受市场欢迎。以前给国外贴牌代工,一只杯子仅卖2元;现在以自主品牌闯市场,杯子身价翻百倍。

历经上百年的工业文明洗礼,淄博形成了化工、机械、陶瓷琉璃等一批主导传统产业。锚定新经济,并不意味着舍弃传统产业。江敦涛说,占淄博工业比重60%以上的传统工业仍是淄博经济的"压舱石",传统优势产业这碗饭要端稳端好。

以陶瓷产业为例,淄博制陶历史有数千年之久,但企业长期以贴牌为主。当地政府引导陶瓷企业加强品牌建设,不断提升产品档次和创新能力,逐步从单纯卖瓷砖向设计等环节拓展延伸,附加值得到大幅提升。

优化提升技术工艺、优化拓展产品体系、优化提高产品质量、优化完善产业链条、优化提升经济效益，淄博以"五个优化"为传统产业开出药方，加快传统产业转型升级，不断提"高度"、增"厚度"、拉"长度"，实现链式集群发展。

擦亮淄博服务　再现"商贾归齐"

今年1月13日，吉利商用车项目落户淄川区；8月28日，吉利商用车首款皮卡下线，目前实现稳定量产。从项目签约到产品下线仅用了7个多月，项目推进速度让吉利控股集团副总裁王召兴不禁为淄博的营商环境点赞。

五中全会提出要加快转变政府职能。从去年9月起，淄博全力推进制度创新、流程再造，以超常规的理念、举措和力度，全面打造"淄博效率"，跑出"淄博速度"，叫响"淄博服务"，不让项目建设耽误在行政流程上。

为优化营商环境，淄博出台关心关爱企业家十条措施；企业负责人评议市直部门单位，200余名企业家为政府服务现场"打分"；启动实施"一号改革工程"，列出14个重点领域210项重点改革任务……

在齐国故都临淄，"重工厚商"的基因传承至今。政府甘当"店小二"，厚植带有"温度"的发展沃土，让企业家真切感受到舒适感、归属感。

投之以桃，报之以李。临淄区的企业家们铆足干劲，纷纷拿出自己的"三年倍增"计划：齐翔腾达力争3年内再造一个"新齐翔"；蓝帆集团计划3年内新增1-2家上市公司；齐都药业未来3年计划完成主营业务收入50亿元，实现利润4.5亿元……

一年来，淄博共协调解决困扰企业发展的难题1452项，为186名优秀企业家发放了"服务卡"，876家企业享受"免检免扰"。

"近者悦、远者来"的良好环境，让淄博再现"商贾归齐若流水"的繁荣景象。江敦涛表示，他们将在五中全会精神指引下，持之以恒推动政府职能转变，让企业感受到更显著的"提速感""获得感"。

（新华社济南2020年11月10日电　新华社记者陈灏、陈国峰）

"中国速度"创造"中国奇迹"
——一名巴基斯坦籍工程师亲历中国轨道交通创新发展

换上工作服,拉菲克·汗走进装配车间,查看昆明长水有轨电车车厢的组装工艺。将电脑里的三维图纸转化落地为面前的整车,就是他的日常工作。

今年31岁的拉菲克·汗来自巴基斯坦,2010年来到中国求学,先后在西北工业大学、西安交通大学学习电气工程。3年前研究生毕业后来到湖南株洲,成为中车株洲电力机车有限公司城轨事业部质量技术部门的一名工程师。

"我的成长离不开中国,我想更多地参与到中国轨道交通行业的建设中去。"拉菲克·汗说,"作为一名工程师,能参与到这么多的地铁与轻轨项目中,我很自豪。"在中国的10年时间里,他从自己最感兴趣的轨道交通行业中,看到了中国的快速发展。

"刚来中国的时候,很多城市都还没有地铁;而现在,地铁已经成了城市交通最普遍和快捷的方式之一。"拉菲克·汗认为,这是轨道交通行业的"中国速度"创造出的"中国奇迹"。

十九届五中全会提出,统筹推进基础设施建设,加快建设交通强国。这让拉菲克·汗对自己的工作有了更新的认识。"我们要做的是追求轨道交通产业的高质量发展,通过不断优化的产品服务满足更多人的出行需求。"

拉菲克·汗的想法正在落地生根。今年10月,在他的家乡巴基斯坦,地铁车辆由中车株机负责研制的拉合尔橙线地铁项目开通运营,一时间成为当地民众的热门"打卡地"。作为巴基斯坦首个现代化高端轨道交通系统,该项目首次实现中国城市地铁从设计、制造、建设到运营维护的全产业链完整输出。

"中国已成为全球轨道交通产业的强劲力量,并向世界分享着优质成果。"他说,工作3年来,他经手的不少项目都是中车株机出口到世界各国的地铁或轻轨列车。

目前,中车株机生产的电力机车、城际动车组、城轨车辆以及轨道交通装备衍生产品,已出口至南非、马来西亚、奥地利、墨西哥等20多个国家和地区。

"我对公司的未来很有信心。随着中国不断推进'一带一路'发展,我们的产品能够走得更远;而公司不断加强科技创新能力,会让我们更具市场竞争力。"拉菲克·汗说。

未来,中车株机也将聚焦智能制造与智慧出行两大方向,将智能化从部件推向整体,从局部升级到全局,逐步建立"智慧工厂",同时,探索覆盖智慧交通整车产品与智慧运维系统的一体化智慧交通生态体系。

拉菲克·汗早已决定留在中国,他为自己制定了一个"五年计划":更多地参与公司与巴基斯坦的合作项目,同时提升自己的技术水平与中文沟通能力。"只有不断地学习,才能更好地生活在这个快速发展的国家。"

(新华社长沙11月10日电　新华社记者刘芳洲、焦倩)

"新"与"旧"在这里转变

——老工业城市株洲迸发新动能

49岁的田伟建在铅冶炼行业工作了29年后,突然"改了行"。

田伟建是湖南株冶火炬新材料有限公司生产机动部副部长,也是一名老"株冶人"。自2019年起,他从铅冶炼"改行"锌合金生产,摸索着转型升级与新旧动能转换的道路。

作为国家"一五"期间建设的重点企业,始建于1956年的株冶集团是中国铅锌冶炼行业的标杆之一。60多年来,其产能由刚建厂的几万吨逐步扩大到65万吨。一根根烟囱在株洲清水塘老工业区拔地而起,一代代工人将株冶看作了自己的家。

但是,长期粗放式发展也让株洲欠下沉重的环境债。2014年,清水塘老工业区绿色搬迁改造工程正式提上日程,包括株冶等企业在内的转移转型探索之路就此拉开序幕。多年的工作方式与地点要改变,田伟建等老员工一时有些回不过神。

"我们很多人都在清水塘工作和生活了一辈子,对搬迁既有不舍又有担忧。"田伟建说。然而,他更明白淘汰高能耗高污染产能、产业提质升级的必要性,二话不说扎进了株冶向湖南常宁市搬迁转移的设计工作中。

2018年底,在一场漫天大雪中,田伟建亲自参与引进的基夫塞特冶炼炉熄火,标志着清水塘老工业区261家企业全部关停。看着设备停运,老厂房即将退出历史舞台,田伟建和同事们都流下了眼泪。

"破旧是为了立新,发展的脚步不仅不能停,还要向高质量迈进。"田伟建说,现在他与团队一起设计引进的10万吨铸造锌自动化浇注生产线设备已在株洲市渌口区的株冶火炬新材料公司正式投产,生产过程更清洁、产品质量更优良、环保标准更严格。

党的十九届五中全会提出推动高质量发展的主题,在株洲得到了生动实践。更多新产业集群在这里蓄势,更多新动能在这里迸发。

2013年,株洲市基于轨道交通、通用航空、新能源汽车三大产业比较优势,审时度势打造"中国动力谷"。受益于要素与资源整合,三大动力产业迸发出澎湃的新动能。

目前,株洲已是全球首个产值突破1000亿元的轨道交通产业基地,如今,这里生产了我国轨道交通装备70%的"大脑""心脏""神经",电力机车、动车组、城轨等出口至全世界,成为流动的国家名片。

中小航空发动机连年保持30%的高速增长,并为株洲通用航空产业抢占先机提供强大技术支撑,预计到2025年产值有望突破500亿元。

同时,株洲市还培育动力产业的衍生产业,推动信息技术、新材料、新能源等产业实现了从零起步的跨越式发展,激活了株洲整个产业生态。

"株洲进行了'史上最大力度'去产能,及时培育出新动力,成功实现了新旧动能有效转换和接续,筑牢了高质量发展的基础。"株洲市委书记毛腾飞说。

令田伟建欣慰的是,株冶集团里最大的烟囱将被改造成一座工业遗址博物馆。这既是留下这座城市的工业荣光,也是铭记绿色发展要久久为功。

(新华社长沙11月12日电 新华社记者刘芳洲、谭谟晓)

"洼地"里冒出"高精尖"
——川渝边界工业园区见闻

11月中旬,川东渝北毗邻之地,一座崭新的工业园区正在扩容。园区内不少企业通过技术创新,生产的产品逐渐从过去缺乏技术含量的"傻大粗"变为市场走俏的"高精尖"。

走进四川广安川渝合作高滩园区,一排排干净整洁的厂房首先映入眼帘。在四川瑞创汽车科技有限公司的大厅里,一台台造型时髦的汽车陈列其中。一位工作人员按下手中的遥控器,一辆两座小汽车忽然原地旋转起来,并进行横向移动,让人以为来到了新型汽车的展览会现场。公司技术总监李效辉告诉记者,仅这台车公司就拥有10多项专利。

"我们做前端设计,把设计方案销售给汽车厂家。"李效辉说,公司2019年的产值达到2亿元,预计2020年的产值将达到3亿元。

四川广安川渝合作高滩园区位于四川广安市邻水县高滩镇,距离重庆市主城区仅几十公里,目前园区已经吸引129家企业入驻。邻水县副县长赵冬说,园区企业以生产汽车零部件为主,并主要为重庆企业配套。

这个园区所在地是一片洼地,最初企业进驻的门槛不是很高,科技含量低。在后来一段时间里,科技含量低的"傻大粗"产品失去竞争力,一些企业也面临危机。"靠关系换市场是靠不住的,以高质量的产品换市场,才是真正的出路。"园区内一家企业的技术总监告诉记者。

"十九届五中全会提出'提升企业技术创新能力',这对实现高质量发展太重要了。"李效辉说，创新就是竞争力，重复生产"傻大粗"的产品没有出路。

在这个园区，很多企业正在加大科研投入，不断推出"高精尖"产品。四川欣悦精工科技有限公司以生产弹簧为主，记者在车间发现，这里生产的弹簧外形像单孔望远镜，颠覆了人们的认知。"哪怕最不起眼的细分行业，科技创新甚至可以决定企业的生死。"公司管理部经理刘世华说，公司仅今年就研发了延时弹簧、缓回程弹簧、防高压防爆弹簧等多个产品。生产弹簧的机器设备也非常智能化，现在一个员工能够控制五六台设备，而在多年前，是几个人控制一台。

"现在产品基本供不应求，尤其是防爆氮气弹簧，这属于紧缺产品。"刘世华说，创新才能让企业在激烈的市场竞争中立于不败之地。

高滩园区党工委副书记吕小刚介绍，如今，园区企业生产的产品科技含量都不低，新材料、新技术、新工艺等企业在川东小镇上开始蓬勃发展。

今年，随着成渝地区双城经济圈建设的持续推进，这个工业园区将迎来前所未有的一次大飞跃。赵冬说，当前，川渝两地正以高滩园区为基础，在四川邻水县高滩镇、坛同镇以及重庆渝北区茨竹镇、大湾镇部分行政区域，联合共建高竹新区，并在新区范围内探索实行经济区与行政区适度分离改革。

"这项改革在我们这前所未有，我们正以实际行动落实十九届五中全会精神，推动科技创新、推进区域协调发展。"赵冬说。

（新华社成都11月13日电　新华社记者丁玫、周相吉、陈地　参与采写：肖寒）

岳阳治水添彩"巴陵胜状"

夕阳斜照洞庭湖，巡护员秦乐意开着船，涟漪一圈圈荡开。再往前开，就到长江了。

"今年鱼特别多，有时直接就从湖里往船上跳，看着让人高兴。"秦乐意说。他家祖祖辈辈都是渔民，鱼就是他们的命。

小时候，秦乐意在船上玩，徒手就可以抓到水里活蹦乱跳的鱼。后来，秦乐意靠着捕鱼成了家、生了娃。但渐渐地，渔民们发现，长江、洞庭湖里的鱼越来越少了。

湖南岳阳，古称"巴陵"，北接长江，西临洞庭。900多年前，范仲淹在《岳阳楼记》中写下"衔远山，吞长江，浩浩汤汤，横无际涯"的雄壮文辞。

大江、大湖浩瀚的水，是这里最重要的资源。随着经济的发展，一座座造纸厂、化工厂拔地而起，一些工厂黑色的"酱油水"直排湖中，采砂船昼夜轰鸣，运砂船如过江之鲫。鱼类栖息地被破坏，四散而逃的鱼被"电打鱼""迷魂阵"甚至毒鱼、炸鱼等非法捕鱼手段"一网打尽"，渔民们的日子愈发难过。

2016年1月，习近平总书记在重庆主持召开推动长江经济带发展座谈会并发表重要讲话。

共抓大保护，不搞大开发。与长江沿岸其他地区一样，"江湖之城"岳阳积极转型。

南国深秋里的东风湖，湖面如镜，一排排整齐的楼房矗立在常绿树木中。东风湖地处长江干流和洞庭湖之间，是岳阳市的重要城市内湖。这里曾一度密布着磷肥厂、制药厂、橡胶厂、麻纺厂，小作坊数不胜数。大雨时，污水溢出或外排，直接污染洞庭湖和长江。

近年来，岳阳市下定决心，以控源截污、内源治理、生态修复、活水循环为措施，全面修复东风湖。随着环境改善，昔日的黑臭水体区域已成岳阳一方生态宜居的"宝地"。

2017年起，岳阳市多部门联合执法，一举关停了包括华龙码头在内的长江干流、洞庭湖沿岸116处砂石码头堆场，并回填土方、植播草皮，复绿42.3万平方米。

通过禁砂、治岸、拆围、退捕、截污、净水等有力举措，岳阳市不断改善长江和洞庭湖的生态环境。2019年，长江岳阳段5个断面共监测了60次，水质优良率为100%。

2020年，我国启动长江"十年禁渔"工作。当年因愤慨于非法捕鱼手段的残忍而志愿加入"农业农村部长江江豚拯救行动计划洞庭湖协助巡护队"的秦乐意，今年迎来了更多的渔民伙伴。这些昔日的"捕鱼人"变为"护鱼人"，人、水、鱼和谐共生，构成这座"江湖之城"的美丽画卷。

记者在岳阳城陵矶、华龙码头附近水域采访时，多次惊喜地看到成群的江豚出没、嬉戏。岳阳市洞庭湖江豚保护中心主任胡强说，"长江大保护"各项措施推进以来，岳阳水域江豚数量呈稳步增长态势，"能见度"越来越高。

面向未来，岳阳市委书记王一鸥说："党的十九届五中全会提出推动绿色发展，岳阳将继续守护好一江碧水，在守好生态红线的前提下走出一条经济社会高质量发展的绿色之路。"

（新华社长沙11月13日电 新华社记者苏晓洲、史卫燕、周楠）

附 录

中共中央关于制定国民经济和社会发展第十四个五年规划和二〇三五年远景目标的建议

（2020年10月29日中国共产党第十九届中央委员会第五次全体会议通过）

"十四五"时期是我国全面建成小康社会、实现第一个百年奋斗目标之后，乘势而上开启全面建设社会主义现代化国家新征程、向第二个百年奋斗目标进军的第一个五年。中国共产党第十九届中央委员会第五次全体会议深入分析国际国内形势，就制定国民经济和社会发展"十四五"规划和二〇三五年远景目标提出以下建议。

一、全面建成小康社会，开启全面建设社会主义现代化国家新征程

1. 决胜全面建成小康社会取得决定性成就。"十三五"时期是全面建成小康社会决胜阶段。面对错综复杂的国际形势、艰巨繁重的国内改革发展稳定任务特别是新冠肺炎疫情严重冲击，以习近平同志为核心的党中央不忘初心、牢记使命，团结带领全党全国各族人民砥砺前行、开拓创新，奋发有为推进党和国家各项事业。全面深化改革取得重大突破，全面依法治国取得重大进展，全面从严治党取得重大成果，国家治理体系和治理能力现代化加快推进，中国共产党领导和我国社会主义制度优势进一步彰显；经济实力、科技实力、综合国力跃上新的大台阶，经济运行总体平稳，经济结构持续优

化，预计二〇二〇年国内生产总值突破一百万亿元；脱贫攻坚成果举世瞩目，五千五百七十五万农村贫困人口实现脱贫；粮食年产量连续五年稳定在一万三千亿斤以上；污染防治力度加大，生态环境明显改善；对外开放持续扩大，共建"一带一路"成果丰硕；人民生活水平显著提高，高等教育进入普及化阶段，城镇新增就业超过六千万人，建成世界上规模最大的社会保障体系，基本医疗保险覆盖超过十三亿人，基本养老保险覆盖近十亿人，新冠肺炎疫情防控取得重大战略成果；文化事业和文化产业繁荣发展；国防和军队建设水平大幅提升，军队组织形态实现重大变革；国家安全全面加强，社会保持和谐稳定。"十三五"规划目标任务即将完成，全面建成小康社会胜利在望，中华民族伟大复兴向前迈出了新的一大步，社会主义中国以更加雄伟的身姿屹立于世界东方。全党全国各族人民要再接再厉、一鼓作气，确保如期打赢脱贫攻坚战，确保如期全面建成小康社会、实现第一个百年奋斗目标，为开启全面建设社会主义现代化国家新征程奠定坚实基础。

2. 我国发展环境面临深刻复杂变化。当前和今后一个时期，我国发展仍然处于重要战略机遇期，但机遇和挑战都有新的发展变化。当今世界正经历百年未有之大变局，新一轮科技革命和产业变革深入发展，国际力量对比深刻调整，和平与发展仍然是时代主题，人类命运共同体理念深入人心，同时国际环境日趋复杂，不稳定性不确定性明显增加，新冠肺炎疫情影响广泛深远，经济全球化遭遇逆流，世界进入动荡变革期，单边主义、保护主义、霸权主义对世界和平与发展构成威胁。我国已转向高质量发展阶段，制度优势显著，治理效能提升，经济长期向好，物质基础雄厚，人力资源丰富，市场空间广阔，发展韧性强劲，社会大局稳定，继续发展具有多方面优势和条件，同时我国发展不平衡不充分问题仍然突出，重点领域关键环节改革任务仍然艰巨，创新能力不适应高质量发展要求，农业基础还不稳固，城乡区域发展和收入分配差距较大，生态环保任重道远，民生保障存在短板，社会治理还有弱项。全党要统筹中华民族伟大复兴战略全局和世界百年未有之大变局，深刻认识我国社会主要矛盾变化带来的新特征新要求，深刻认识错综复杂的国际环境带来的新矛盾新挑战,增强机遇意识和风险意识,立足社会主义初级阶段基本国情,保持战略定力,办好自己的事,认识和把握发展规律,发扬斗争精神,树立底线思维,准确识变、科学应变、主动求变,善于在危机中育先机、于变局中开新局,抓住机遇,应对挑战,趋利避害,奋勇前进。

3. 到二〇三五年基本实现社会主义现代化远景目标。党的十九大对实现第二个百年奋斗目标作出分两个阶段推进的战略安排,即到二〇三五年基本实现社会主义现代化,到本世纪中叶把我国建成富强民主文明和谐美丽的社会主义现代化强国。展望二〇三五年,我国经济实力、科技实力、综合国力将大幅跃升,经济总量和城乡居民人均收入将再迈上新的大台阶,关键核心技术实现重大突破,进入创新型国家前列;基本实现新型工业化、信息化、城镇化、农业现代化,建成现代化经济体系;基本实现国家治理体系和治理能力现代化,人民平等参与、平等发展权利得到充分保障,基本建成法治国家、法治政府、法治社会;建成文化强国、教育强国、人才强国、体育强国、健康中国,国民素质和社会文明程度达到新高度,国家文化软实力显著增强;广泛形成绿色生产生活方式,碳排放达峰后稳中有降,生态环境根本好转,美丽中国建设目标基本实现;形成对外开放新格局,参与国际经济合作和竞争新优势明显增强;人均国内生产总值达到中等发达国家水平,中等收入群体显著扩大,基本公共服务实现均等化,城乡区域发展差距和居民生活水平差距显著缩小;平安中国建设达到更高水平,基本实现国防和军队现代化;人民生活更加美好,人的全面发展、全体人民共同富裕取得更为明显的实质性进展。

二、"十四五"时期经济社会发展指导方针和主要目标

4. "十四五"时期经济社会发展指导思想。高举中国特色社会主义伟大旗帜,深入贯彻党的十九大和十九届二中、三中、四中、五中全会精神,坚持以马克思列宁主义、毛泽东思想、邓小平理论、"三个代表"重要思想、

科学发展观、习近平新时代中国特色社会主义思想为指导，全面贯彻党的基本理论、基本路线、基本方略，统筹推进经济建设、政治建设、文化建设、社会建设、生态文明建设的总体布局，协调推进全面建设社会主义现代化国家、全面深化改革、全面依法治国、全面从严治党的战略布局，坚定不移贯彻创新、协调、绿色、开放、共享的新发展理念，坚持稳中求进工作总基调，以推动高质量发展为主题，以深化供给侧结构性改革为主线，以改革创新为根本动力，以满足人民日益增长的美好生活需要为根本目的，统筹发展和安全，加快建设现代化经济体系，加快构建以国内大循环为主体、国内国际双循环相互促进的新发展格局，推进国家治理体系和治理能力现代化，实现经济行稳致远、社会安定和谐，为全面建设社会主义现代化国家开好局、起好步。

5."十四五"时期经济社会发展必须遵循的原则。

——坚持党的全面领导。坚持和完善党领导经济社会发展的体制机制，坚持和完善中国特色社会主义制度，不断提高贯彻新发展理念、构建新发展格局能力和水平，为实现高质量发展提供根本保证。

——坚持以人民为中心。坚持人民主体地位，坚持共同富裕方向，始终做到发展为了人民、发展依靠人民、发展成果由人民共享，维护人民根本利益，激发全体人民积极性、主动性、创造性，促进社会公平，增进民生福祉，不断实现人民对美好生活的向往。

——坚持新发展理念。把新发展理念贯穿发展全过程和各领域，构建新发展格局，切实转变发展方式，推动质量变革、效率变革、动力变革，实现更高质量、更有效率、更加公平、更可持续、更为安全的发展。

——坚持深化改革开放。坚定不移推进改革，坚定不移扩大开放，加强国家治理体系和治理能力现代化建设，破除制约高质量发展、高品质生活的体制机制障碍，强化有利于提高资源配置效率、有利于调动全社会积极性的重大改革开放举措，持续增强发展动力和活力。

——坚持系统观念。加强前瞻性思考、全局性谋划、战略性布局、整体性推进，统筹国内国际两个大局，办好发展安全两件大事，坚持全国一盘棋，更好发挥中央、地方和各方面积极性，着力固根基、扬优势、补短板、强弱项，注重防范化解重大风险挑战，实现发展质量、结构、规模、速度、效益、安全相统一。

6."十四五"时期经济社会发展主要目标。锚定二〇三五年远景目标，综合考虑国内外发展趋势和我国发展条件，坚持目标导向和问题导向相结合，坚持守正和创新相统一，今后五年经济社会发展要努力实现以下主要目标。

——经济发展取得新成效。发展是解决我国一切问题的基础和关键，发展必须坚持新发展理念，在质量效益明显提升的基础上实现经济持续健康发展，增长潜力充分发挥，国内市场更加强大，经济结构更加优化，创新能力显著提升，产业基础高级化、产业链现代化水平明显提高，农业基础更加稳固，城乡区域发展协调性明显增强，现代化经济体系建设取得重大进展。

——改革开放迈出新步伐。社会主义市场经济体制更加完善，高标准市场体系基本建成，市场主体更加充满活力，产权制度改革和要素市场化配置改革取得重大进展，公平竞争制度更加健全，更高水平开放型经济新体制基本形成。

——社会文明程度得到新提高。社会主义核心价值观深入人心，人民思想道德素质、科学文化素质和身心健康素质明显提高，公共文化服务体系和文化产业体系更加健全，人民精神文化生活日益丰富，中华文化影响力进一步提升，中华民族凝聚力进一步增强。

——生态文明建设实现新进步。国土空间开发保护格局得到优化，生产生活方式绿色转型成效显著，能源资源配置更加合理、利用效率大幅提高，主要污染物排放总量持续减少，生态环境持续改善，生态安全屏障更加牢固，城乡人居环境明显改善。

——民生福祉达到新水平。实现更加充分更高质量就业，居民收入增长和经济增长基本同步，分配结构明显改善，基本公共服务均等化水平明显提高，全民受教育程度不断提升，多层次社会保障体系更加健全，卫生健康体系更加完善，脱贫攻坚成果巩固拓展，乡村振兴战略全面推进。

——国家治理效能得到新提升。社会主义民主法治更加健全，社会公平正义进一步彰显，国家行政体系更加完善，政府作用更好发挥，行政效率和公信力显著提升，社会治理特别是基层治理水平明显提高，防范化解重大风险体制机制不断健全，突发公共事件应急能力显著增强，自然灾害防御水平明显提升，发展安全保障更加有力，国防和军队现代化迈出重大步伐。

三、坚持创新驱动发展，全面塑造发展新优势

坚持创新在我国现代化建设全局中的核心地位，把科技自立自强作为国家发展的战略支撑，面向世界科技前沿、面向经济主战场、面向国家重大需求、面向人民生命健康，深入实施科教兴国战略、人才强国战略、创新驱动发展战略，完善国家创新体系，加快建设科技强国。

7.强化国家战略科技力量。制定科技强国行动纲要，健全社会主义市场经济条件下新型举国体制，打好关键核心技术攻坚战，提高创新链整体效能。加强基础研究、注重原始创新，优化学科布局和研发布局，推进学科交叉融合，完善共性基础技术供给体系。瞄准人工智能、量子信息、集成电路、生命健康、脑科学、生物育种、空天科技、深地深海等前沿领域，实施一批具有前瞻性、战略性的国家重大科技项目。制定实施战略性科学计划和科学工程，推进科研院所、高校、企业科研力量优化配置和资源共享。推进国家实验室建设，重组国家重点实验室体系。布局建设综合性国家科学中心和区域性创新高地，支持北京、上海、粤港澳大湾区形成国际科技创新中心。构建国家科研论文和科技信息高端交流平台。

8.提升企业技术创新能力。强化企业创新主体地位，促进各类创新要素向企业集聚。推进产学研深度融合，支持企业牵头组建创新联合体，承担国家重大科技项目。发挥企业家在技术创新中的重要作用，鼓励企业加大研发投入，对企业投入基础研究实行税收优惠。发挥大企业引领支撑作用，支持创新型中小微企业成长为创新重要发源地，加强共性技术平台建设，推动产

业链上中下游、大中小企业融通创新。

9. 激发人才创新活力。贯彻尊重劳动、尊重知识、尊重人才、尊重创造方针，深化人才发展体制机制改革，全方位培养、引进、用好人才，造就更多国际一流的科技领军人才和创新团队，培养具有国际竞争力的青年科技人才后备军。健全以创新能力、质量、实效、贡献为导向的科技人才评价体系。加强学风建设，坚守学术诚信。深化院士制度改革。健全创新激励和保障机制，构建充分体现知识、技术等创新要素价值的收益分配机制，完善科研人员职务发明成果权益分享机制。加强创新型、应用型、技能型人才培养，实施知识更新工程、技能提升行动，壮大高水平工程师和高技能人才队伍。支持发展高水平研究型大学，加强基础研究人才培养。实行更加开放的人才政策，构筑集聚国内外优秀人才的科研创新高地。

10. 完善科技创新体制机制。深入推进科技体制改革，完善国家科技治理体系，优化国家科技规划体系和运行机制，推动重点领域项目、基地、人才、资金一体化配置。改进科技项目组织管理方式，实行"揭榜挂帅"等制度。完善科技评价机制，优化科技奖励项目。加快科研院所改革，扩大科研自主权。加强知识产权保护，大幅提高科技成果转移转化成效。加大研发投入，健全政府投入为主、社会多渠道投入机制，加大对基础前沿研究支持。完善金融支持创新体系，促进新技术产业化规模化应用。弘扬科学精神和工匠精神，加强科普工作，营造崇尚创新的社会氛围。健全科技伦理体系。促进科技开放合作，研究设立面向全球的科学研究基金。

四、加快发展现代产业体系，推动经济体系优化升级

坚持把发展经济着力点放在实体经济上，坚定不移建设制造强国、质量强国、网络强国、数字中国，推进产业基础高级化、产业链现代化，提高经济质量效益和核心竞争力。

11. 提升产业链供应链现代化水平。保持制造业比重基本稳定，巩固壮大

实体经济根基。坚持自主可控、安全高效，分行业做好供应链战略设计和精准施策，推动全产业链优化升级。锻造产业链供应链长板，立足我国产业规模优势、配套优势和部分领域先发优势，打造新兴产业链，推动传统产业高端化、智能化、绿色化，发展服务型制造。完善国家质量基础设施，加强标准、计量、专利等体系和能力建设，深入开展质量提升行动。促进产业在国内有序转移，优化区域产业链布局，支持老工业基地转型发展。补齐产业链供应链短板，实施产业基础再造工程，加大重要产品和关键核心技术攻关力度，发展先进适用技术，推动产业链供应链多元化。优化产业链供应链发展环境，强化要素支撑。加强国际产业安全合作，形成具有更强创新力、更高附加值、更安全可靠的产业链供应链。

12. 发展战略性新兴产业。加快壮大新一代信息技术、生物技术、新能源、新材料、高端装备、新能源汽车、绿色环保以及航空航天、海洋装备等产业。推动互联网、大数据、人工智能等同各产业深度融合，推动先进制造业集群发展，构建一批各具特色、优势互补、结构合理的战略性新兴产业增长引擎，培育新技术、新产品、新业态、新模式。促进平台经济、共享经济健康发展。鼓励企业兼并重组，防止低水平重复建设。

13. 加快发展现代服务业。推动生产性服务业向专业化和价值链高端延伸，推动各类市场主体参与服务供给，加快发展研发设计、现代物流、法律服务等服务业，推动现代服务业同先进制造业、现代农业深度融合，加快推进服务业数字化。推动生活性服务业向高品质和多样化升级，加快发展健康、养老、育幼、文化、旅游、体育、家政、物业等服务业，加强公益性、基础性服务业供给。推进服务业标准化、品牌化建设。

14. 统筹推进基础设施建设。构建系统完备、高效实用、智能绿色、安全可靠的现代化基础设施体系。系统布局新型基础设施，加快第五代移动通信、工业互联网、大数据中心等建设。加快建设交通强国，完善综合运输大通道、综合交通枢纽和物流网络，加快城市群和都市圈轨道交通网络化，提高农村和边境地区交通通达深度。推进能源革命，完善能源产供储销体系，加强国内油气勘探开发，加快油气储备设施建设，加快全国干线油气管道建设，建设智慧能源系统，优化电力生产和输送通道布局，提升新能源消纳和存储能力，提升向边远地区输配电能力。加强水利基础设施建设，提升水资源优化配置和水旱灾害防御能力。

15. 加快数字化发展。发展数字经济，推进数字产业化和产业数字化，推动数字经济和实体经济深度融合，打造具有国际竞争力的数字产业集群。加强数字社会、数字政府建设，提升公共服务、社会治理等数字化智能化水平。建立数据资源产权、交易流通、跨境传输和安全保护等基础制度和标准规范，推动数据资源开发利用。扩大基础公共信息数据有序开放，建设国家数据统一共享开放平台。保障国家数据安全，加强个人信息保护。提升全民数字技能，实现信息服务全覆盖。积极参与数字领域国际规则和标准制定。

五、形成强大国内市场，构建新发展格局

坚持扩大内需这个战略基点，加快培育完整内需体系，把实施扩大内需战略同深化供给侧结构性改革有机结合起来，以创新驱动、高质量供给引领和创造新需求。

16. 畅通国内大循环。依托强大国内市场，贯通生产、分配、流通、消费各环节，打破行业垄断和地方保护，形成国民经济良性循环。优化供给结构，改善供给质量，提升供给体系对国内需求的适配性。推动金融、房地产同实体经济均衡发展，实现上下游、产供销有效衔接，促进农业、制造业、服务业、能源资源等产业门类关系协调。破除妨碍生产要素市场化配置和商品服务流通的体制机制障碍，降低全社会交易成本。完善扩大内需的政策支撑体系，形成需求牵引供给、供给创造需求的更高水平动态平衡。

17. 促进国内国际双循环。立足国内大循环，发挥比较优势，协同推进强大国内市场和贸易强国建设，以国内大循环吸引全球资源要素，充分利用国内国际两个市场两种资源，积极促进内需和外需、进口和出口、引进外资和对外

投资协调发展，促进国际收支基本平衡。完善内外贸一体化调控体系，促进内外贸法律法规、监管体制、经营资质、质量标准、检验检疫、认证认可等相衔接，推进同线同标同质。优化国内国际市场布局、商品结构、贸易方式，提升出口质量，增加优质产品进口，实施贸易投资融合工程，构建现代物流体系。

18. 全面促进消费。增强消费对经济发展的基础性作用，顺应消费升级趋势，提升传统消费，培育新型消费，适当增加公共消费。以质量品牌为重点，促进消费向绿色、健康、安全发展，鼓励消费新模式新业态发展。推动汽车等消费品由购买管理向使用管理转变，促进住房消费健康发展。健全现代流通体系，发展无接触交易服务，降低企业流通成本，促进线上线下消费融合发展，开拓城乡消费市场。发展服务消费，放宽服务消费领域市场准入。完善节假日制度，落实带薪休假制度，扩大节假日消费。培育国际消费中心城市。改善消费环境，强化消费者权益保护。

19. 拓展投资空间。优化投资结构，保持投资合理增长，发挥投资对优化供给结构的关键作用。加快补齐基础设施、市政工程、农业农村、公共安全、生态环保、公共卫生、物资储备、防灾减灾、民生保障等领域短板，推动企业设备更新和技术改造，扩大战略性新兴产业投资。推进新型基础设施、新型城镇化、交通水利等重大工程建设，支持有利于城乡区域协调发展的重大项目建设。实施川藏铁路、西部陆海新通道、国家水网、雅鲁藏布江下游水电开发、星际探测、北斗产业化等重大工程，推进重大科研设施、重大生态系统保护修复、公共卫生应急保障、重大引调水、防洪减灾、送电输气、沿边沿江沿海交通等一批强基础、增功能、利长远的重大项目建设。发挥政府投资撬动作用，激发民间投资活力，形成市场主导的投资内生增长机制。

六、全面深化改革，构建高水平社会主义市场经济体制

坚持和完善社会主义基本经济制度，充分发挥市场在资源配置中的决定性作用，更好发挥政府作用，推动有效市场和有为政府更好结合。

20. 激发各类市场主体活力。毫不动摇巩固和发展公有制经济，毫不动摇鼓励、支持、引导非公有制经济发展。深化国资国企改革，做强做优做大国有资本和国有企业。加快国有经济布局优化和结构调整，发挥国有经济战略支撑作用。加快完善中国特色现代企业制度，深化国有企业混合所有制改革。健全管资本为主的国有资产监管体制，深化国有资本投资、运营公司改革。推进能源、铁路、电信、公用事业等行业竞争性环节市场化改革。优化民营经济发展环境，构建亲清政商关系，促进非公有制经济健康发展和非公有制经济人士健康成长，依法平等保护民营企业产权和企业家权益，破除制约民营企业发展的各种壁垒，完善促进中小微企业和个体工商户发展的法律环境和政策体系。弘扬企业家精神，加快建设世界一流企业。

21. 完善宏观经济治理。健全以国家发展规划为战略导向，以财政政策和货币政策为主要手段，就业、产业、投资、消费、环保、区域等政策紧密配合，目标优化、分工合理、高效协同的宏观经济治理体系。完善宏观经济政策制定和执行机制，重视预期管理，提高调控的科学性。加强国际宏观经济政策协调，搞好跨周期政策设计，提高逆周期调节能力，促进经济总量平衡、结构优化、内外均衡。加强宏观经济治理数据库等建设，提升大数据等现代技术手段辅助治理能力。推进统计现代化改革。

22. 建立现代财税金融体制。加强财政资源统筹，加强中期财政规划管理，增强国家重大战略任务财力保障。深化预算管理制度改革，强化对预算编制的宏观指导。推进财政支出标准化，强化预算约束和绩效管理。明确中央和地方政府事权与支出责任，健全省以下财政体制，增强基层公共服务保障能力。完善现代税收制度，健全地方税、直接税体系，优化税制结构，适当提高直接税比重，深化税收征管制度改革。健全政府债务管理制度。建设现代中央银行制度，完善货币供应调控机制，稳妥推进数字货币研发，健全市场化利率形成和传导机制。构建金融有效支持实体经济的体制机制，提升金融科技水平，增强金融普惠性。深化国有商业银行改革，支持中小银行和农村信用社持续健康发展，改革优化政策性金融。全面实行股票发行注册制，建立常态化退市机制，提高直接融资比重。推进金融双向开放。完善现代金融监管体系，提高金融监管透明度和法治化水平，完善存款保险制度，健全金融风险预防、预警、处置、问责制度体系，对违法违规行为零容忍。

23. 建设高标准市场体系。健全市场体系基础制度，坚持平等准入、公正监管、开放有序、诚信守法，形成高效规范、公平竞争的国内统一市场。实施高标准市场体系建设行动。健全产权执法司法保护制度。实施统一的市场准入负面清单制度。继续放宽准入限制。健全公平竞争审查机制，加强反垄断和反不正当竞争执法司法，提升市场综合监管能力。深化土地管理制度改革。推进土地、劳动力、资本、技术、数据等要素市场化改革。健全要素市场运行机制，完善要素交易规则和服务体系。

24. 加快转变政府职能。建设职责明确、依法行政的政府治理体系。深化简政放权、放管结合、优化服务改革，全面实行政府权责清单制度。持续优化市场化法治化国际化营商环境。实施涉企经营许可事项清单管理，加强事中事后监管，对新产业新业态实行包容审慎监管。健全重大政策事前评估和事后评价制度，畅通参与政策制定的渠道，提高决策科学化、民主化、法治化水平。推进政务服务标准化、规范化、便利化，深化政务公开。深化行业协会、商会和中介机构改革。

七、优先发展农业农村，全面推进乡村振兴

坚持把解决好"三农"问题作为全党工作重中之重，走中国特色社会主义乡村振兴道路，全面实施乡村振兴战略，强化以工补农、以城带乡，推动形成工农互促、城乡互补、协调发展、共同繁荣的新型工农城乡关系，加快农业农村现代化。

25. 提高农业质量效益和竞争力。适应确保国计民生要求，以保障国家粮食安全为底线，健全农业支持保护制度。坚持最严格的耕地保护制度，深入实施藏粮于地、藏粮于技战略，加大农业水利设施建设力度，实施高标准农

田建设工程，强化农业科技和装备支撑，提高农业良种化水平，健全动物防疫和农作物病虫害防治体系，建设智慧农业。强化绿色导向、标准引领和质量安全监管，建设农业现代化示范区。推动农业供给侧结构性改革，优化农业生产结构和区域布局，加强粮食生产功能区、重要农产品生产保护区和特色农产品优势区建设，推进优质粮食工程。完善粮食主产区利益补偿机制。保障粮、棉、油、糖、肉等重要农产品供给安全，提升收储调控能力。开展粮食节约行动。发展县域经济，推动农村一二三产业融合发展，丰富乡村经济业态，拓展农民增收空间。

26.实施乡村建设行动。把乡村建设摆在社会主义现代化建设的重要位置。强化县城综合服务能力，把乡镇建成服务农民的区域中心。统筹县域城镇和村庄规划建设，保护传统村落和乡村风貌。完善乡村水、电、路、气、通信、广播电视、物流等基础设施，提升农房建设质量。因地制宜推进农村改厕、生活垃圾处理和污水治理，实施河湖水系综合整治，改善农村人居环境。提高农民科技文化素质，推动乡村人才振兴。

27.深化农村改革。健全城乡融合发展机制，推动城乡要素平等交换、双向流动，增强农业农村发展活力。落实第二轮土地承包到期后再延长三十年政策，加快培育农民合作社、家庭农场等新型农业经营主体，健全农业专业化社会化服务体系，发展多种形式适度规模经营，实现小农户和现代农业有机衔接。健全城乡统一的建设用地市场，积极探索实施农村集体经营性建设用地入市制度。建立土地征收公共利益用地认定机制，缩小土地征收范围。探索宅基地所有权、资格权、使用权分置实现形式。保障进城落户农民土地承包权、宅基地使用权、集体收益分配权，鼓励依法自愿有偿转让。深化农村集体产权制度改革，发展新型农村集体经济。健全农村金融服务体系，发展农业保险。

28.实现巩固拓展脱贫攻坚成果同乡村振兴有效衔接。建立农村低收入人口和欠发达地区帮扶机制，保持财政投入力度总体稳定，接续推进脱贫地区发展。健全防止返贫监测和帮扶机制，做好易地扶贫搬迁后续帮扶工作，加强扶贫项目资金资产管理和监督，推动特色产业可持续发展。健全农村社会保障和救助制度。在西部地区脱贫县中集中支持一批乡村振兴重点帮扶县，增强其巩固脱贫成果及内生发展能力。坚持和完善东西部协作和对口支援、社会力量参与帮扶等机制。

八、优化国土空间布局，推进区域协调发展和新型城镇化

坚持实施区域重大战略、区域协调发展战略、主体功能区战略，健全区域协调发展体制机制，完善新型城镇化战略，构建高质量发展的国土空间布局和支撑体系。

29. 构建国土空间开发保护新格局。立足资源环境承载能力，发挥各地比较优势，逐步形成城市化地区、农产品主产区、生态功能区三大空间格局，优化重大基础设施、重大生产力和公共资源布局。支持城市化地区高效集聚经济和人口、保护基本农田和生态空间，支持农产品主产区增强农业生产能力，支持生态功能区把发展重点放到保护生态环境、提供生态产品上，支持生态功能区的人口逐步有序转移，形成主体功能明显、优势互补、高质量发展的国土空间开发保护新格局。

30. 推动区域协调发展。推动西部大开发形成新格局，推动东北振兴取得新突破，促进中部地区加快崛起，鼓励东部地区加快推进现代化。支持革命老区、民族地区加快发展，加强边疆地区建设，推进兴边富民、稳边固边。推进京津冀协同发展、长江经济带发展、粤港澳大湾区建设、长三角一体化发展，打造创新平台和新增长极。推动黄河流域生态保护和高质量发展。高标准、高质量建设雄安新区。坚持陆海统筹，发展海洋经济，建设海洋强国。健全区域战略统筹、市场一体化发展、区域合作互助、区际利益补偿等机制，更好促进发达地区和欠发达地区、东中西部和东北地区共同发展。完善转移支付制度，加大对欠发达地区财力支持，逐步实现基本公共服务均等化。

31. 推进以人为核心的新型城镇化。实施城市更新行动，推进城市生态修复、功能完善工程，统筹城市规划、建设、管理，合理确定城市规模、人口密度、空间结构，促进大中小城市和小城镇协调发展。强化历史文化保护、塑造城市风貌，加强城镇老旧小区改造和社区建设，增强城市防洪排涝能力，建设海绵城市、韧性城市。提高城市治理水平，加强特大城市治理中的风险防控。坚持房子是用来住的、不是用来炒的定位，租购并举、因城施策，促进房地产市场平稳健康发展。有效增加保障性住房供给，完善土地出让收入分配机制，探索支持利用集体建设用地按照规划建设租赁住房，完善长租房政策，扩大保障性租赁住房供给。深化户籍制度改革，完善财政转移支付和城镇新增建设用地规模与农业转移人口市民化挂钩政策，强化基本公共服务保障，加快农业转移人口市民化。优化行政区划设置，发挥中心城市和城市群带动作用，建设现代化都市圈。推进成渝地区双城经济圈建设。推进以县城为重要载体的城镇化建设。

九、繁荣发展文化事业和文化产业，提高国家文化软实力

坚持马克思主义在意识形态领域的指导地位，坚定文化自信，坚持以社会主义核心价值观引领文化建设，加强社会主义精神文明建设，围绕举旗帜、聚民心、育新人、兴文化、展形象的使命任务，促进满足人民文化需求和增强人民精神力量相统一，推进社会主义文化强国建设。

32. 提高社会文明程度。推动形成适应新时代要求的思想观念、精神面貌、文明风尚、行为规范。深入开展习近平新时代中国特色社会主义思想学习教育，推进马克思主义理论研究和建设工程。推动理想信念教育常态化制度化，加强党史、新中国史、改革开放史、社会主义发展史教育，加强爱国主义、集体主义、社会主义教育，弘扬党和人民在各个历史时期奋斗中形成的伟大精神，推进公民道德建设，实施文明创建工程，拓展新时代文明实践中心建设。健全志愿服务体系，广泛开展志愿服务关爱行动。弘扬诚信文化，推进诚信建设。

提倡艰苦奋斗、勤俭节约，开展以劳动创造幸福为主题的宣传教育。加强家庭、家教、家风建设。加强网络文明建设，发展积极健康的网络文化。

33. 提升公共文化服务水平。全面繁荣新闻出版、广播影视、文学艺术、哲学社会科学事业。实施文艺作品质量提升工程，加强现实题材创作生产，不断推出反映时代新气象、讴歌人民新创造的文艺精品。推进媒体深度融合，实施全媒体传播工程，做强新型主流媒体，建强用好县级融媒体中心。推进城乡公共文化服务体系一体建设，创新实施文化惠民工程，广泛开展群众性文化活动，推动公共文化数字化建设。加强国家重大文化设施和文化项目建设，推进国家版本馆、国家文献储备库、智慧广电等工程。传承弘扬中华优秀传统文化，加强文物古籍保护、研究、利用，强化重要文化和自然遗产、非物质文化遗产系统性保护，加强各民族优秀传统手工艺保护和传承，建设长城、大运河、长征、黄河等国家文化公园。广泛开展全民健身运动，增强人民体质。筹办好北京冬奥会、冬残奥会。

34. 健全现代文化产业体系。坚持把社会效益放在首位、社会效益和经济效益相统一，深化文化体制改革，完善文化产业规划和政策，加强文化市场体系建设，扩大优质文化产品供给。实施文化产业数字化战略，加快发展新型文化企业、文化业态、文化消费模式。规范发展文化产业园区，推动区域文化产业带建设。推动文化和旅游融合发展，建设一批富有文化底蕴的世界级旅游景区和度假区，打造一批文化特色鲜明的国家级旅游休闲城市和街区，发展红色旅游和乡村旅游。以讲好中国故事为着力点，创新推进国际传播，加强对外文化交流和多层次文明对话。

十、推动绿色发展，促进人与自然和谐共生

坚持绿水青山就是金山银山理念，坚持尊重自然、顺应自然、保护自然，坚持节约优先、保护优先、自然恢复为主，守住自然生态安全边界。深入实施可持续发展战略，完善生态文明领域统筹协调机制，构建生态文明体系，

促进经济社会发展全面绿色转型，建设人与自然和谐共生的现代化。

35.加快推动绿色低碳发展。强化国土空间规划和用途管控，落实生态保护、基本农田、城镇开发等空间管控边界，减少人类活动对自然空间的占用。强化绿色发展的法律和政策保障，发展绿色金融，支持绿色技术创新，推进清洁生产，发展环保产业，推进重点行业和重要领域绿色化改造。推动能源清洁低碳安全高效利用。发展绿色建筑。开展绿色生活创建活动。降低碳排放强度，支持有条件的地方率先达到碳排放峰值，制定二〇三〇年前碳排放达峰行动方案。

36.持续改善环境质量。增强全社会生态环保意识，深入打好污染防治攻坚战。继续开展污染防治行动，建立地上地下、陆海统筹的生态环境治理制度。强化多污染物协同控制和区域协同治理，加强细颗粒物和臭氧协同控制，基本消除重污染天气。治理城乡生活环境，推进城镇污水管网全覆盖，基本消除城市黑臭水体。推进化肥农药减量化和土壤污染治理，加强白色污染治理。加强危险废物医疗废物收集处理。完成重点地区危险化学品生产企业搬迁改造。重视新污染物治理。全面实行排污许可制，推进排污权、用能权、用水权、碳排放权市场化交易。完善环境保护、节能减排约束性指标管理。完善中央生态环境保护督察制度。积极参与和引领应对气候变化等生态环保国际合作。

37.提升生态系统质量和稳定性。坚持山水林田湖草系统治理，构建以国家公园为主体的自然保护地体系。实施生物多样性保护重大工程。加强外来物种管控。强化河湖长制，加强大江大河和重要湖泊湿地生态保护治理，实施好长江十年禁渔。科学推进荒漠化、石漠化、水土流失综合治理，开展大规模国土绿化行动，推行林长制。推行草原森林河流湖泊休养生息，加强黑土地保护，健全耕地休耕轮作制度。加强全球气候变暖对我国承受力脆弱地区影响的观测，完善自然保护地、生态保护红线监管制度，开展生态系统保护成效监测评估。

38.全面提高资源利用效率。健全自然资源资产产权制度和法律法规，加强自然资源调查评价监测和确权登记,建立生态产品价值实现机制,完善市场化、多元化生态补偿,推进资源总量管理、科学配置、全面节约、循环利用。实施国家节水行动,建立水资源刚性约束制度。提高海洋资源、矿产资源开发保护水平。完善资源价格形成机制。推行垃圾分类和减量化、资源化。加快构建废旧物资循环利用体系。

十一、实行高水平对外开放,开拓合作共赢新局面

坚持实施更大范围、更宽领域、更深层次对外开放,依托我国大市场优势,促进国际合作,实现互利共赢。

39. 建设更高水平开放型经济新体制。全面提高对外开放水平,推动贸易和投资自由化便利化,推进贸易创新发展,增强对外贸易综合竞争力。完善外商投资准入前国民待遇加负面清单管理制度,有序扩大服务业对外开放,依法保护外资企业合法权益,健全促进和保障境外投资的法律、政策和服务体系,坚定维护中国企业海外合法权益,实现高质量引进来和高水平走出去。完善自由贸易试验区布局,赋予其更大改革自主权,稳步推进海南自由贸易港建设,建设对外开放新高地。稳慎推进人民币国际化,坚持市场驱动和企业自主选择,营造以人民币自由使用为基础的新型互利合作关系。发挥好中国国际进口博览会等重要展会平台作用。

40. 推动共建"一带一路"高质量发展。坚持共商共建共享原则,秉持绿色、开放、廉洁理念,深化务实合作,加强安全保障,促进共同发展。推进基础设施互联互通,拓展第三方市场合作。构筑互利共赢的产业链供应链合作体系,深化国际产能合作,扩大双向贸易和投资。坚持以企业为主体,以市场为导向,遵循国际惯例和债务可持续原则,健全多元化投融资体系。推进战略、规划、机制对接,加强政策、规则、标准联通。深化公共卫生、数字经济、绿色发展、科技教育合作,促进人文交流。

41. 积极参与全球经济治理体系改革。坚持平等协商、互利共赢,推动

二十国集团等发挥国际经济合作功能。维护多边贸易体制，积极参与世界贸易组织改革，推动完善更加公正合理的全球经济治理体系。积极参与多双边区域投资贸易合作机制，推动新兴领域经济治理规则制定，提高参与国际金融治理能力。实施自由贸易区提升战略，构建面向全球的高标准自由贸易区网络。

十二、改善人民生活品质，提高社会建设水平

坚持把实现好、维护好、发展好最广大人民根本利益作为发展的出发点和落脚点，尽力而为、量力而行，健全基本公共服务体系，完善共建共治共享的社会治理制度，扎实推动共同富裕，不断增强人民群众获得感、幸福感、安全感，促进人的全面发展和社会全面进步。

42. 提高人民收入水平。坚持按劳分配为主体、多种分配方式并存，提高劳动报酬在初次分配中的比重，完善工资制度，健全工资合理增长机制，着力提高低收入群体收入，扩大中等收入群体。完善按要素分配政策制度，健全各类生产要素由市场决定报酬的机制，探索通过土地、资本等要素使用权、收益权增加中低收入群体要素收入。多渠道增加城乡居民财产性收入。完善再分配机制，加大税收、社保、转移支付等调节力度和精准性，合理调节过高收入，取缔非法收入。发挥第三次分配作用，发展慈善事业，改善收入和财富分配格局。

43. 强化就业优先政策。千方百计稳定和扩大就业，坚持经济发展就业导向，扩大就业容量，提升就业质量，促进充分就业，保障劳动者待遇和权益。健全就业公共服务体系、劳动关系协调机制、终身职业技能培训制度。更加注重缓解结构性就业矛盾，加快提升劳动者技能素质，完善重点群体就业支持体系，统筹城乡就业政策体系。扩大公益性岗位安置，帮扶残疾人、零就业家庭成员就业。完善促进创业带动就业、多渠道灵活就业的保障制度，支持和规范发展新就业形态，健全就业需求调查和失业监测预警机制。

44. 建设高质量教育体系。全面贯彻党的教育方针，坚持立德树人，加强师德师风建设，培养德智体美劳全面发展的社会主义建设者和接班人。健全学校家庭社会协同育人机制，提升教师教书育人能力素质，增强学生文明素养、社会责任意识、实践本领，重视青少年身体素质和心理健康教育。坚持教育公益性原则，深化教育改革，促进教育公平，推动义务教育均衡发展和城乡一体化，完善普惠性学前教育和特殊教育、专门教育保障机制，鼓励高中阶段学校多样化发展。加大人力资本投入，增强职业技术教育适应性，深化职普融通、产教融合、校企合作，探索中国特色学徒制，大力培养技术技能人才。提高高等教育质量，分类建设一流大学和一流学科，加快培养理工农医类专业紧缺人才。提高民族地区教育质量和水平，加大国家通用语言文字推广力度。支持和规范民办教育发展，规范校外培训机构。发挥在线教育优势，完善终身学习体系，建设学习型社会。

45. 健全多层次社会保障体系。健全覆盖全民、统筹城乡、公平统一、可持续的多层次社会保障体系。推进社保转移接续，健全基本养老、基本医疗保险筹资和待遇调整机制。实现基本养老保险全国统筹，实施渐进式延迟法定退休年龄。发展多层次、多支柱养老保险体系。推动基本医疗保险、失业保险、工伤保险省级统筹，健全重大疾病医疗保险和救助制度，落实异地就医结算，稳步建立长期护理保险制度，积极发展商业医疗保险。健全灵活就业人员社保制度。健全退役军人工作体系和保障制度。健全分层分类的社会救助体系。坚持男女平等基本国策，保障妇女儿童合法权益。健全老年人、残疾人关爱服务体系和设施，完善帮扶残疾人、孤儿等社会福利制度。完善全国统一的社会保险公共服务平台。

46. 全面推进健康中国建设。把保障人民健康放在优先发展的战略位置，坚持预防为主的方针，深入实施健康中国行动，完善国民健康促进政策，织牢国家公共卫生防护网，为人民提供全方位全周期健康服务。改革疾病预防控制体系，强化监测预警、风险评估、流行病学调查、检验检测、应急处置等职能。建立稳定的公共卫生事业投入机制，加强人才队伍建设，改善疾控基础条件，完善公共卫生服务项目，强化基层公共卫生体系。落实医疗机构公共卫生责任，创新医防协同机制。完善突发公共卫生事件监测预警处置机制，健全医疗救治、科技支撑、物资保障体系，提高应对突发公共卫生事件能力。坚持基本医疗卫生事业公益属性，深化医药卫生体制改革，加快优质医疗资源扩容和区域均衡布局，加快建设分级诊疗体系，加强公立医院建设和管理考核，推进国家组织药品和耗材集中采购使用改革，发展高端医疗设备。支持社会办医，推广远程医疗。坚持中西医并重，大力发展中医药事业。提升健康教育、慢病管理和残疾康复服务质量，重视精神卫生和心理健康。深入开展爱国卫生运动，促进全民养成文明健康生活方式。完善全民健身公共服务体系。加快发展健康产业。

47. 实施积极应对人口老龄化国家战略。制定人口长期发展战略，优化生育政策，增强生育政策包容性，提高优生优育服务水平，发展普惠托育服务体系，降低生育、养育、教育成本，促进人口长期均衡发展，提高人口素质。积极开发老龄人力资源，发展银发经济。推动养老事业和养老产业协同发展，健全基本养老服务体系，发展普惠型养老服务和互助性养老，支持家庭承担养老功能，培育养老新业态，构建居家社区机构相协调、医养康养相结合的养老服务体系，健全养老服务综合监管制度。

48. 加强和创新社会治理。完善社会治理体系，健全党组织领导的自治、法治、德治相结合的城乡基层治理体系，完善基层民主协商制度，实现政府治理同社会调节、居民自治良性互动，建设人人有责、人人尽责、人人享有的社会治理共同体。发挥群团组织和社会组织在社会治理中的作用，畅通和规范市场主体、新社会阶层、社会工作者和志愿者等参与社会治理的途径。推动社会治理重心向基层下移，向基层放权赋能，加强城乡社区治理和服务体系建设，减轻基层特别是村级组织负担，加强基层社会治理队伍建设，构建网格化管理、精细化服务、信息化支撑、开放共享的基层管理服务平台。加强和创新市域社会治理，推进市域社会治理现代化。

十三、统筹发展和安全，建设更高水平的平安中国

坚持总体国家安全观，实施国家安全战略，维护和塑造国家安全，统筹传统安全和非传统安全，把安全发展贯穿国家发展各领域和全过程，防范和化解影响我国现代化进程的各种风险，筑牢国家安全屏障。

49.加强国家安全体系和能力建设。完善集中统一、高效权威的国家安全领导体制，健全国家安全法治体系、战略体系、政策体系、人才体系和运行机制，完善重要领域国家安全立法、制度、政策。健全国家安全审查和监管制度，加强国家安全执法。加强国家安全宣传教育，增强全民国家安全意识，巩固国家安全人民防线。坚定维护国家政权安全、制度安全、意识形态安全，全面加强网络安全保障体系和能力建设。严密防范和严厉打击敌对势力渗透、破坏、颠覆、分裂活动。

50.确保国家经济安全。加强经济安全风险预警、防控机制和能力建设，实现重要产业、基础设施、战略资源、重大科技等关键领域安全可控。实施产业竞争力调查和评价工程，增强产业体系抗冲击能力。确保粮食安全，保障能源和战略性矿产资源安全。维护水利、电力、供水、油气、交通、通信、网络、金融等重要基础设施安全，提高水资源集约安全利用水平。维护金融安全，守住不发生系统性风险底线。确保生态安全，加强核安全监管，维护新型领域安全。构建海外利益保护和风险预警防范体系。

51.保障人民生命安全。坚持人民至上、生命至上，把保护人民生命安全摆在首位，全面提高公共安全保障能力。完善和落实安全生产责任制，加强安全生产监管执法，有效遏制危险化学品、矿山、建筑施工、交通等重特大安全事故。强化生物安全保护，提高食品药品等关系人民健康产品和服务的安全保障水平。提升洪涝干旱、森林草原火灾、地质灾害、地震等自然灾害防御工程标准，加快江河控制性工程建设，加快病险水库除险加固，全面推进堤防和蓄滞洪区建设。完善国家应急管理体系，加强应急物资保障体系建设，发展巨灾保险，提高防灾、减灾、抗灾、救灾能力。

52. 维护社会稳定和安全。正确处理新形势下人民内部矛盾，坚持和发展新时代"枫桥经验"，畅通和规范群众诉求表达、利益协调、权益保障通道，完善信访制度，完善各类调解联动工作体系，构建源头防控、排查梳理、纠纷化解、应急处置的社会矛盾综合治理机制。健全社会心理服务体系和危机干预机制。坚持专群结合、群防群治，加强社会治安防控体系建设，坚决防范和打击暴力恐怖、黑恶势力、新型网络犯罪和跨国犯罪，保持社会和谐稳定。

十四、加快国防和军队现代化，实现富国和强军相统一

贯彻习近平强军思想，贯彻新时代军事战略方针，坚持党对人民军队的绝对领导，坚持政治建军、改革强军、科技强军、人才强军、依法治军，加快机械化信息化智能化融合发展，全面加强练兵备战，提高捍卫国家主权、安全、发展利益的战略能力，确保二〇二七年实现建军百年奋斗目标。

53. 提高国防和军队现代化质量效益。加快军事理论现代化，与时俱进创新战争和战略指导，健全新时代军事战略体系，发展先进作战理论。加快军队组织形态现代化，深化国防和军队改革，推进军事管理革命，加快军兵种和武警部队转型建设，壮大战略力量和新域新质作战力量，打造高水平战略威慑和联合作战体系，加强军事力量联合训练、联合保障、联合运用。加快军事人员现代化，贯彻新时代军事教育方针，完善三位一体新型军事人才培养体系，锻造高素质专业化军事人才方阵。加快武器装备现代化，聚力国防科技自主创新、原始创新，加速战略性前沿性颠覆性技术发展，加速武器装备升级换代和智能化武器装备发展。

54. 促进国防实力和经济实力同步提升。同国家现代化发展相协调，搞好战略层面筹划，深化资源要素共享，强化政策制度协调，构建一体化国家战略体系和能力。推动重点区域、重点领域、新兴领域协调发展，集中力量实施国防领域重大工程。优化国防科技工业布局，加快标准化通用化进程。完善国防动员体系，健全强边固防机制，强化全民国防教育，巩固军政军民团结。

十五、全党全国各族人民团结起来，为实现"十四五"规划和二〇三五年远景目标而奋斗

实现"十四五"规划和二〇三五年远景目标，必须坚持党的全面领导，充分调动一切积极因素，广泛团结一切可以团结的力量，形成推动发展的强大合力。

55. 加强党中央集中统一领导。贯彻党把方向、谋大局、定政策、促改革的要求，推动全党深入学习贯彻习近平新时代中国特色社会主义思想，增强"四个意识"、坚定"四个自信"、做到"两个维护"，完善上下贯通、执行有力的组织体系，确保党中央决策部署有效落实。落实全面从严治党主体责任、监督责任，提高党的建设质量。深入总结和学习运用中国共产党一百年的宝贵经验，教育引导广大党员、干部坚持共产主义远大理想和中国特色社会主义共同理想，不忘初心、牢记使命，为党和人民事业不懈奋斗。全面贯彻新时代党的组织路线，加强干部队伍建设，落实好干部标准，提高各级领导班子和干部适应新时代新要求抓改革、促发展、保稳定水平和专业化能力，加强对敢担当善作为干部的激励保护，以正确用人导向引领干事创业导向。完善人才工作体系，培养造就大批德才兼备的高素质人才。把严的主基调长期坚持下去，不断增强党自我净化、自我完善、自我革新、自我提高能力。锲而不舍落实中央八项规定精神，持续纠治形式主义、官僚主义，切实为基层减负。完善党和国家监督体系，加强政治监督，强化对公权力运行的制约和监督。坚持无禁区、全覆盖、零容忍，一体推进不敢腐、不能腐、不想腐，营造风清气正的良好政治生态。

56. 推进社会主义政治建设。坚持党的领导、人民当家作主、依法治国有机统一，推进中国特色社会主义政治制度自我完善和发展。坚持和完善人民代表大会制度，加强人大对"一府一委两院"的监督，保障人民依法通过各种途径和形式管理国家事务、管理经济文化事业、管理社会事务。坚持和完善中国共产党领导的多党合作和政治协商制度，加强人民政协专门协商机构建设,发挥社会主义协商民主独特优势,提高建言资政和凝聚共识水平。坚持和完善民族区域自治制度,全面贯彻党的民族政策,铸牢中华民族共同体意识,促进各民族共同团结奋斗、共同繁荣发展。全面贯彻党的宗教工作基本方针,积极引导宗教与社会主义社会相适应。健全基层群众自治制度,增强群众自我管理、自我服务、自我教育、自我监督实效。发挥工会、共青团、妇联等人民团体作用,把各自联系的群众紧紧凝聚在党的周围。完善大统战工作格局,促进政党关系、民族关系、宗教关系、阶层关系、海内外同胞关系和谐,巩固和发展大团结大联合局面。全面贯彻党的侨务政策,凝聚侨心、服务大局。坚持法治国家、法治政府、法治社会一体建设,完善以宪法为核心的中国特色社会主义法律体系,加强重点领域、新兴领域、涉外领域立法,提高依法行政水平,完善监察权、审判权、检察权运行和监督机制,促进司法公正,深入开展法治宣传教育,有效发挥法治固根本、稳预期、利长远的保障作用,推进法治中国建设。促进人权事业全面发展。

57.保持香港、澳门长期繁荣稳定。全面准确贯彻"一国两制"、"港人治港"、"澳人治澳"、高度自治的方针,坚持依法治港治澳,维护宪法和基本法确定的特别行政区宪制秩序,落实中央对特别行政区全面管治权,落实特别行政区维护国家安全的法律制度和执行机制,维护国家主权、安全、发展利益和特别行政区社会大局稳定。支持特别行政区巩固提升竞争优势,建设国际创新科技中心,打造"一带一路"功能平台,实现经济多元可持续发展。支持香港、澳门更好融入国家发展大局,高质量建设粤港澳大湾区,完善便利港澳居民在内地发展政策措施。增强港澳同胞国家意识和爱国精神。支持香港、澳门同各国各地区开展交流合作。坚决防范和遏制外部势力干预港澳事务。

58.推进两岸关系和平发展和祖国统一。坚持一个中国原则和"九二共识",以两岸同胞福祉为依归,推动两岸关系和平发展、融合发展,加强两岸产业合作,打造两岸共同市场,壮大中华民族经济,共同弘扬中华文化。完善保障台湾同胞福祉和在大陆享受同等待遇的制度和政策,支持台商台企参与"一带一路"建设和国家区域协调发展战略,支持符合条件的台资企业在大陆上市,支持福建探索海峡两岸融合发展新路。加强两岸基层和青少年交流。高度警惕和坚决遏制"台独"分裂活动。

59. 积极营造良好外部环境。高举和平、发展、合作、共赢旗帜，坚持独立自主的和平外交政策，推进各领域各层级对外交往，推动构建新型国际关系和人类命运共同体。推进大国协调和合作，深化同周边国家关系，加强同发展中国家团结合作，积极发展全球伙伴关系。坚持多边主义和共商共建共享原则，积极参与全球治理体系改革和建设，加强涉外法治体系建设，加强国际法运用，维护以联合国为核心的国际体系和以国际法为基础的国际秩序，共同应对全球性挑战。积极参与重大传染病防控国际合作，推动构建人类卫生健康共同体。

60. 健全规划制定和落实机制。按照本次全会精神，制定国家和地方"十四五"规划纲要和专项规划，形成定位准确、边界清晰、功能互补、统一衔接的国家规划体系。健全政策协调和工作协同机制，完善规划实施监测评估机制，确保党中央关于"十四五"发展的决策部署落到实处。

实现"十四五"规划和二〇三五年远景目标，意义重大，任务艰巨，前景光明。全党全国各族人民要紧密团结在以习近平同志为核心的党中央周围，同心同德，顽强奋斗，夺取全面建设社会主义现代化国家新胜利！